Ballistische Messer

Waffen für Geheimdienste und Spezialeinheiten

Wolfgang Peter-Michel

Gestaltung des Umschlagbildes unter Verwendung eines Fotos von Vitaly Kuzmin, http://vitalykuzmin.net.

Für Gabi und Eva.

A.

Bibliografische Information der Deutschen Nationalbibliothek:
Die Deutsche Nationalbibliothek verzeichnet diese Publikation in der Deutschen Nationalbibliografie; detaillierte bibliografische Daten sind im Internet über http://dnb.d-nb.de abrufbar.

Ballistische Messer
2. Auflage
ISBN: 978-3-7431-2534-6
© 2017 by Wolfgang Peter-Michel
Herstellung und Verlag: BoD - Books on Demand, Norderstedt

Inhalt

Vorwort _____ 7

Einleitung _____ 9

Typ 1 – das erste Serienmodell _____ 13

Typ 2 – die verbesserte Version _____ 27

Nachbauten aus dem Westen _____ 43

Russische Spezialeinheiten _____ 55

Ballistische Messer für die Bundeswehr? _____ 71

Die Wirksamkeit ballistischer Messer als Waffe _____ 87

Fazit _____ 96

Anhang _____ 99

Literatur _____ 110

Abb. 1: Verschiedene Bauarten ballistischer Messer.

Vorwort

Dieses Buch behandelt Messer, die in Deutschland als verbotene Gegenstände eingestuft sind. Das bedeutet, dass Privatpersonen sie weder besitzen, noch damit Handel treiben dürfen.

Dies hat es für den Autor dieses Buches nahezu unmöglich gemacht, Zugriff auf geeignete Realstücke zu erhalten, um sie zu untersuchen und zu fotografieren. Glücklicherweise fand sich nach langer Recherche ein Sammler in einem Land außerhalb der EU, der einige interessante Stücke besaß. Er gab die Erlaubnis, die ballistischen Messer in seiner Sammlung in Augenschein zu nehmen und sogar Schießversuche damit vorzunehmen. Ohne ihn wäre dieses Buch nicht möglich gewesen. Vielen Dank dafür!

Auch dem Museum für Waffengeschichte (Музей історії зброї) in Sapporoschja, Ukraine, gilt herzlicher Dank. Von dort erhielt der Autor nähere Informationen über die Herkunft der Messer sowie umfangreiches Bildmaterial.

Ilona sei vielmals gedankt für die fleißige Übersetzungsarbeit.

Achim Erdmann spielte eine zentrale Rolle bei den Arbeiten an diesem Buch. Seine internationalen Kontakte trugen maßgeblich zu dessen Entstehung bei. Auch war sein Fachwissen eine große Hilfe bei der Beurteilung der untersuchten Messer.

Weitere Informationen von unschätzbarem Wert lieferte Herr Thomas Skrzyniecki, e.K. (www.army-book.de).

Vitaly Kuzmin und sein Blog http://vitalykuzmin.net haben Einblicke in die russische Armee von heute und besonders die Spezialeinheit Speznas ermöglicht. Auch für das freundlicherweise von ihm zur Verfügung gestellte Bildmaterial möchte sich der Autor an dieser Stelle ganz herzlich bedanken.

Abb. 2: Russisches Speznas-Team der „Zentrale für Sondereinsätze" des FSB (Центр специального назначения ФСБ) bei einer Abseil-Übung.
(Quelle: Vitaly Kuzmin, http://vitalykuzmin.net)

Einleitung

Das Messer ist eine der ältesten Waffen der Menschheit. Schon in der Steinzeit kämpfte man mit Feuersteinklingen und so ging es über die Jahrtausende weiter mit Kupfer-, Bronze-, Eisen- und schließlich Stahlklingen. Doch alle waren sie fest mit ihrem Griff verbunden. Es existiert also kein historisches Vorbild für ballistische Messer. Im Extremfall wurde in der Vergangenheit höchstens das ganze Messer geworfen – von geübten Messerwerfern, die aber wohl eher im Showgeschäft als auf dem Schlachtfeld anzusiedeln sind.

Der Grund dafür liegt auf der Hand: In vergangenen Zeiten fehlte es an den Werkstoffen, um genügend starke Federn zu fertigen, die eine Klinge mit ausreichend großer Gewalt aus dem Griff hätten treiben können. Dies hatte sich zum Ende des zwanzigsten Jahrhunderts geändert. Und so kam es, dass zu dieser Zeit, genauer in den 1980er-Jahren, die ersten ballistischen Messer auf den westlichen Sammlermarkt gelangten. Als Herkunft wurde stets die Sowjetunion angegeben, die lautlose Waffe werde vom KGB oder Spezialeinheiten wie der Speznas verwendet, hieß es.

Belegen ließen sich diese Behauptungen nicht. Diesbezügliche Recherchen waren nahezu unmöglich, denn der Eiserne Vorhang bestand noch und die Russen waren, wie man damals weithin annahm, unser erklärter Feind. Den ersten bekannten Stücken nahm man ihre osteuropäische Herkunft ab: Es waren solide gefertigte Waffen von durchschnittlicher Qualität, die in ihrer Funktion allerdings ebenso sehr überzeugten wie eine Kalaschnikow: Alles war auf zuverlässige Funktion ausgelegt und die optische Erscheinung nur zweitrangig. Selbst der Geruch stimmte, denn, wie Kenner osteuropäischer Waffentechnik wissen, die dort verwendeten Lacke und Fette haben ihr ganz eigentümliches „Aroma".

Abb. 3: „Schild und Schwert der Partei" – Signet des sowjetischen Geheimdienstes KGB.

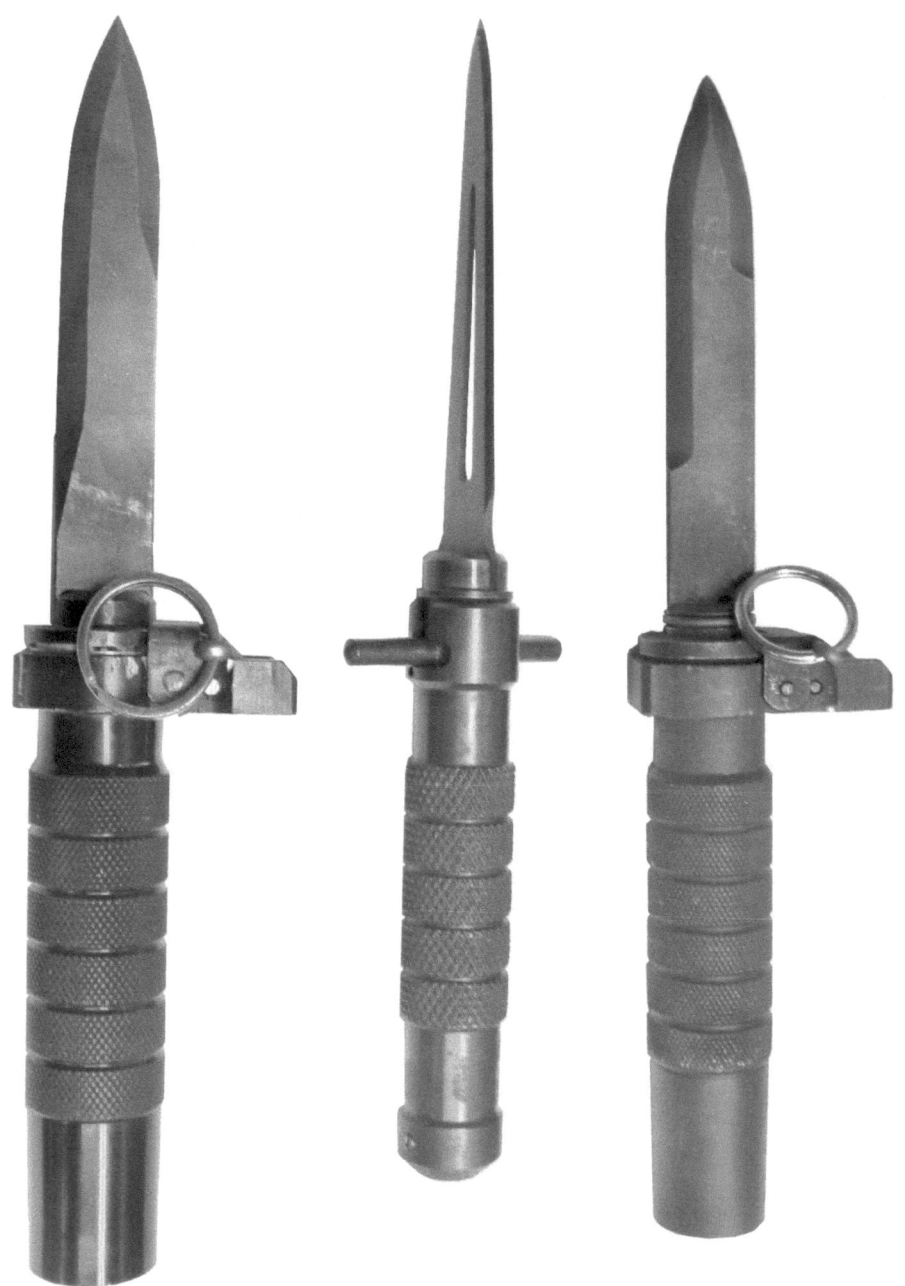

Abb. 4: Drei Versionen ballistischer Messer.

Einleitung

Wohl weil diese geheimen Messer auf dem Sammlermarkt bald vierstellige DM-Preise erzielten, tauchten rasch weitere Stücke auf. Sie entsprachen in ihrer ganzen Bauart eher westlichen Produkten, wiesen hochglänzende, fein bearbeitete Oberflächen auf und bald auch verbesserte Verschlussmechanismen. Mit dem größeren Angebot begannen bald die Preise zu sinken. Doch noch bevor ballistische Messer zu Massenprodukten wurden, die für jeden erschwinglich waren, griff der Gesetzgeber ein. So in den USA, wo mit dem „Ballistic Knife Prohibition Act" bereits 1986 das Verbotsverfahren für diese Messer eingeleitet wurde. Auch in Deutschland und den meisten anderen europäischen Ländern sind ballistische Messer schon seit längerem als verbotene Gegenstände eingestuft. Entsprechend ist der diesbezügliche Sammlermarkt zusammengebrochen und die meisten Messersammler kennen diese Blankwaffen nur noch vom Hörensagen.

Aus diesem Grund will dieses Buch die wichtigsten Typen vorstellen und deren Entwicklungsgeschichte, so weit rekonstruierbar, erläutern.

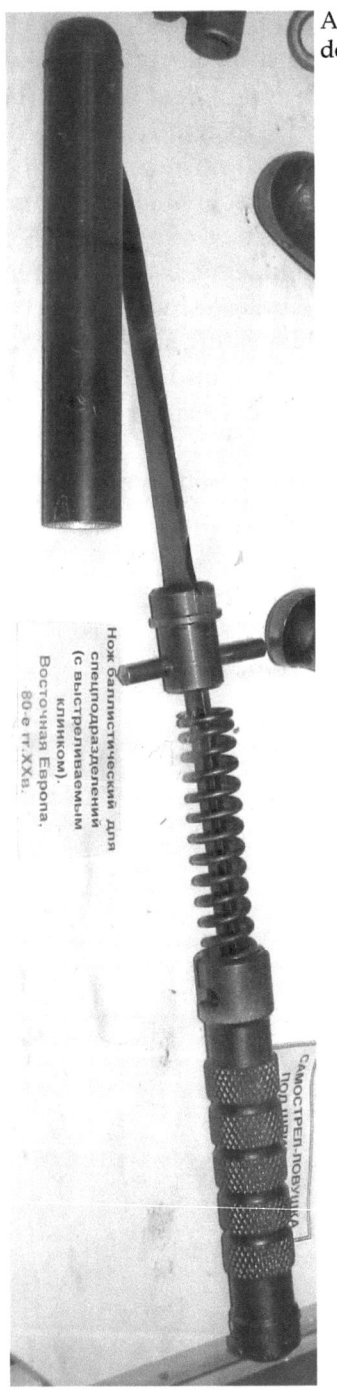

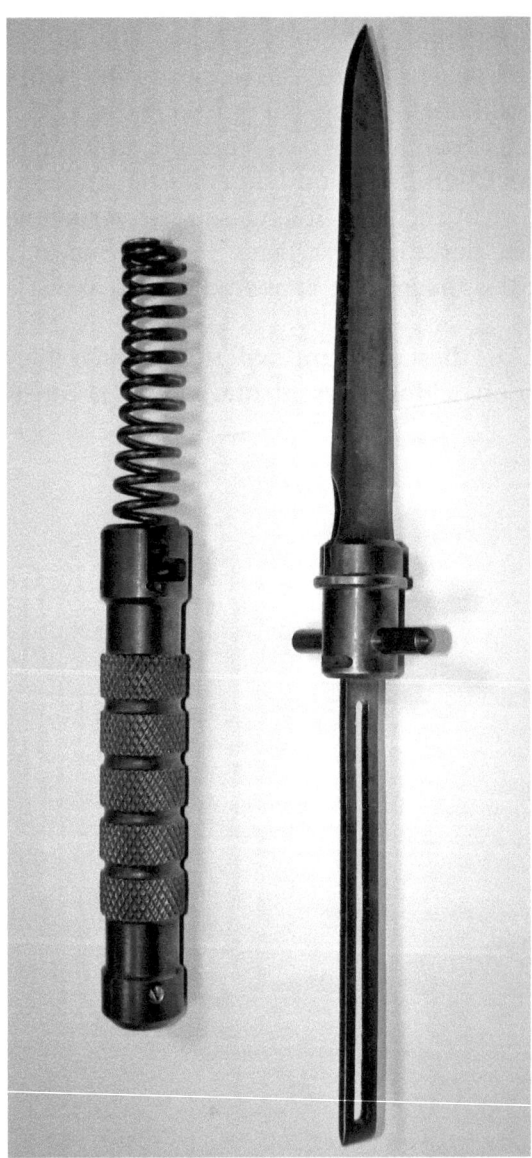

Abb. 5: Frühe Ausführung des ersten Modells in der Ausstellung des Museums für Waffengeschichte, Sapporoschja, Ukraine.

Abb. 6: Klinge und Griffstück der ersten Ausführung. (Quelle: A. A. Boroda, Museum für Waffengeschichte, Sapporoschja, Ukraine)

Typ 1 – das erste Serienmodell

Die in diesem Buch als die erste bezeichnete Ausführung des ballistischen Messers muss natürlich nicht notwendigerweise auch wirklich die Urversion sein. Sie ist nur, aus westlich zentrierter Sicht, die erste, die bekannt wurde. Und darum kann es bei Waffen aus den Arsenalen der Geheimdienste leider immer nur gehen: Die erste bekannt gewordene Variante gilt so lange als die Basisversion, bis eine nachweislich frühere auftaucht. Leider ist der „Nachschub" auf dem Sammlermarkt bei den ballistischen Messern dadurch erschwert, dass ihr Besitz in den meisten europäischen Ländern und den USA mittlerweile verboten ist, sodass lediglich Museen in den Besitz relevanter Stücke gelangen können.

So ist das bislang bekannte „Ur-Modell" des ballistischen Messers beispielsweise im Museum für Waffengeschichte (Музей історії зброї) in Sapporoschja, Ukraine, zu finden. In seiner Ausstellung wird es als „Messer für Spezialeinheiten (mit herausschießender Klinge), osteuropäische Herkunft, 1980er-Jahre des 20. Jahrhunderts" bezeichnet.

Die Einstufung als erste Ausführung erscheint naheliegend, da diese Version, im Vergleich zu den anderen untersuchten, am einfachsten und urtümlichsten

Abb. 7: Ein einfacher Bajonettverschluss sichert die Klinge bei gespannter Feder im Griff. (Quelle: A. A. Boroda, Museum für Waffengeschichte, Sapporoschja, Ukraine)

erscheint. Die Konstruktion beschränkt sich auf ein massives Stahlrohr, gezogen oder aus dem Vollen gearbeitet, das den Griff des Messers bildet. Ein eingeschraubter und verstifteter Knauf schließt den Hohlkörper nach hinten ab. Von vorne ist eine 55 Newton starke Spiralfeder eingeschoben. Sie liegt lose ein und ist am Knaufende nicht befestigt. Das Klingenelement besteht aus einem gedrehten Stahlkörper, der griffseitig abgesetzt ist, um sich in die Hülse einzupassen. Ein im 90° Winkel eingesetzter Stift aus gehärtetem Stahl greift in eine Bajonettnut im Griffstück.

Die ersten bekannten Stücke weisen keine Sicherung gegen ungewolltes Auslösen auf. Schon bald schien der Konstrukteur des Messers dies jedoch als Unfallrisiko erkannt zu haben, denn spätere Ausführungen erhielten grundsätzlich einen Sicherungssplint, mit dem sich der Auslösemechanismus blockieren lässt. So findet sich auch am Bajonettverschluss des vorliegenden Stückes eine Bohrung für einen Sicherungssplint. Dieser muss jedoch verloren gegangen

Abb. 8 und 9: Die Griffhülse des ersten Typs besteht aus massivem Stahl. Der Knauf ist eingeschoben und seitlich verschraubt. (Quelle: A. A. Boroda, Museum für Waffengeschichte, Sapporoschja, Ukraine)

Typ 1 – das erste Serienmodell

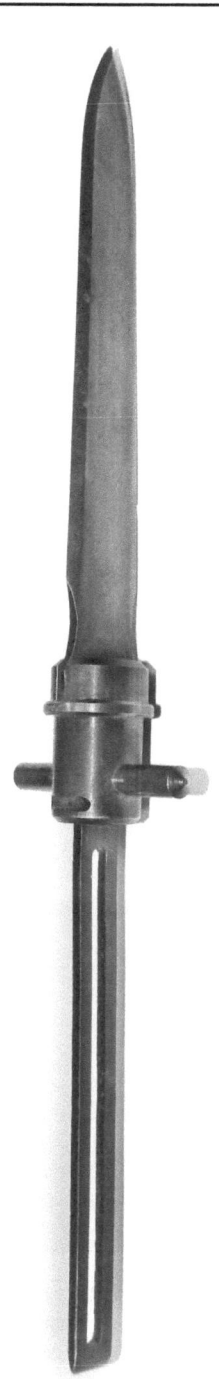

sein, bevor das Messer in die Ausstellung des ukrainischen Museums gelangte.

Die Klinge entspricht in ihrer Bauweise und dem einseitigen Anschliff der des Kalaschnikow-Bajonetts. Für ein militärisch geführtes Messer wirkt sie allerdings sehr leicht und schlank. Hier ist jedoch zu bedenken, dass eine schwerere Klinge wahrscheinlich stärker zum Taumeln im Flug neigen würde. Auch dringt eine schlanker gestaltete Klinge leichter in das Ziel ein, insbesondere, wenn zuvor mehrere Schichten Kleidung zu durchschlagen sind.

Die Scheide des Messers besteht aus einem Aluminiumrohr, das sich auf die Klingenbasis aus gedrehtem Stahl aufschieben lässt. Klingenseitig ist auch hier ein Absatz angedreht, um dies zu ermöglichen.

Im Bereich der Klingenspitze ist auf das Scheidenrohr ein halbkugelförmiger Abschluss aus Aluminiumblech eingepresst oder geklebt. In der Scheide versorgt wirkt das Messer auf den ersten Blick wie ein kurzer Schlagstock oder Totschläger.

Sicher wäre es auch möglich, das Messer in dieser Form auszulösen, um dem Geg-

Abb. 10: Die röhrenförmige Scheide aus Aluminiumblech. (Quelle: A. A. Boroda, Museum für Waffengeschichte, Sapporoschja, Ukraine)

Abb. 11: Die Flachangel der Klinge ist der Länge nach geschlitzt. Wahrscheinlich dient dies dazu, das Projektil auszubalancieren. (Quelle: A. A. Boroda, Museum für Waffengeschichte, Sapporoschja, Ukraine)

ner nicht eine Stichverletzung, sondern einen Schlag zu versetzen. Aufgrund der starken Federkraft hätte ein Kopftreffer sicherlich noch eine gewisse Wirkung.

Auf dem Knauf des vorliegenden Exemplars findet sich eine Stempelung, die die Herkunft dieses Stücks in ein ganz neues Licht rückt: Hier findet sich der Schriftzug „Patent PUDA" über einem stilisierten Schwert. Dies ist das Markenzeichen des tschechischen Messerherstellers und -händlers Jan Puda im mährischen Sternberk.

Pudas Markenzeichen auf dem in der Ukraine ausgestellten Messer wirft in mehrfacher Hinsicht Fragen auf. Denn einerseits deutet die Stempelung an, Puda

Abb. 12: „Patent PUDA" - Herstellermarke des tschechischen Messerherstellers Jan Puda aus dem mährischen Sternberk auf dem Knauf des in der Ukraine ausgestellten Messers.
(Quelle: A. A. Boroda, Museum für Waffengeschichte, Sapporoschja, Ukraine)

besäße ein Patent auf die Konstruktion. Diesbezügliche Nachforschungen des Autors konnten jedoch keinen Beleg dafür erbringen.
Puda zeichnete sich durch innovative Messerkonstruktionen aus, die er in Kleinserie produzierte und über sein Ladengeschäft in Sternberk sowie über den Versandhandel vertrieb. Bis etwa 2011 waren seine Produkte auch online über die Website http://www.pudazbrane.com erhältlich. Zum Zeitpunkt der Drucklegung dieses Buches war diese jedoch nicht mehr erreichbar und die Inhalte nur noch über eine wayback-machine verfügbar.

Aus den archivierten Inhalten geht hervor, dass gleich auf der Startseite eine Bemerkung zu lesen war, in der Puda sich Anfragen nach ballistischen Messern verbat. Er stelle sie nicht her. Allerdings führt er dann weiter aus, dass das tschechische ballistische Messer keine Kopie des KGB-Messers war, sondern eine eigene Konstruktion, die einige Jahre entwickelt worden war. Mit dem KGB-Messer habe es nur die federgetriebene Klinge gemein.

Dieser Hinweis war, solange die Website online verfügbar war, also im Zeitraum vom 11. September 2004 bis zum 18. Dezember 2014, am unteren Rand der Startseite platziert, sodass anzunehmen ist, dass Puda ein starkes Interesse hatte, sich von seinem Werk zu distanzieren.

Der zum Teil schwer verständlichen Bemerkung ist zu entnehmen, dass Puda diese Messer durchaus einmal produziert hat und er ein Vorgängermodell kennt, das dem sowjetischen Geheimdienst KGB zugeschrieben wird. Er bestreitet jedoch, dieses Messer kopiert zu haben, seine Konstruktion sei eigenständig. Also muss laut Puda ein russisches ballistisches Messer existiert haben, dessen Klinge auch mittels Federkraft verschossen wurde, sich aber signifikant von seiner Konstruktion unterscheidet.

Es wäre also interessant, zu erfahren, auf welchen „Urtyp" sowjetischer Herkunft sich Puda bezieht. Leider ließ der tschechische Messerhersteller entsprechende Anfragen des Autors unbeantwortet. Auch scheint er sein Ladengeschäft geschlossen und auch die Produktion von Messern eingestellt zu haben. Somit ist zu befürchten, dass diese Spur nicht weiter verfolgt werden kann.

Die Herstellung von kalten Waffen nahm ich am 8. 8. 1988 mit Erzeugung von asiatischen Waffen für Kampfsport auf. Kalte Waffen für ninjutsu wurden von Meister Jan Maďár erfolgreich getestet.

• Kaufleute haben Rabatt 20%.

• Die Zusendung der bestellten Ware per Post mit Nachnahme, Lieferzeit max. 7 Tage. Porto und Verpackung betragen CZK 100,- und werden zusammen berechnet.

• Jeder Kunde, der die Ware im Preis über CZK 10.000,- abnimmt, hat den Anspruch auf die Großhandelpreise.

• Für die angebotenen Messer wird 2 Jahre Garantiefrist geleistet. Es handelt sich um die Messer mit der Bruchfestigkeit, einige werden für die Benutzung in den Elitetruppen vorgeschlagen. Einige werden in den Armeen benutzt.

• Die genannten Erzeugnisse kann man persönlich im Geschäft auf der oben genannten Adresse Montag, Dienstag, Mittwoch 9-12 und 13-17 Uhr kaufen.

• Die Bestellungen können Sie auch mit der SMS-Nachricht oder mit Fax senden.
Handy: +420 608 965 801.

• E-Mail senden janpuda@vodafonemail.cz

Bemerkung:
Die Anfragen nach ballistischen Messern sind überflüssig – ich stelle sie nicht her. Frech werden sie im Ausland kopiert und z. B. von der Schweizer Firma als Messer für schweizerisches Spezialkommando, oder als Messer der polnischen Fallschirmspringer in einem deutschen Buch über die Spezialwaffen angeboten. Ballistisches tschechisches Messer war keine Kopie von KGB, sondern es hat eigene Konstruktionen, die einige Jahre entwickelt werden. Mit dem Messer KGB hatte es nur die Triebkraft - die Feder – gleich.

Linke Seite: Abb. 13: Screenshot der deutschsprachigen Startseite der Website von Jan Puda, http://www.pudazbrane.com, Stand 13. Juli 2007. Am unteren Rand findet sich, in roter Schrift hervorgehoben, eine Distanzierung von den ballistischen Messern:

„*Bemerkung:*
Die Anfragen nach ballistischen Messern sind überflüssig – ich stelle sie nicht her. Frech werden sie im Ausland kopiert und z. B. von der Schweizer Firma als Messer für schweizerisches Spezialkommando, oder als Messer der polnischen Fallschirmspringer in einem deutschen Buch über die Spezialwaffen angeboten. Ballistisches tschechisches Messer war keine Kopie von KGB, sondern es hat eigene Konstruktionen, die einige Jahre entwickelt werden. Mit dem Messer KGB hatte es nur die Triebkraft - die Feder – gleich."

Rechte Seite: Abb. 14: Screenshot der Startseite der Website von Jan Puda, http://www.pudazbrane.com, Stand 4 Januar 2014 – hier auf Tschechisch. Die Distanzierung von der Herstellung ballistischer Messer findet sich unverändert am unteren Seitenrand. Allerdings weist die Seite jetzt auch ein Rezept für ein lebensverlängerndes Elixier aus Knoblauch auf sowie einen Verweis auf Stellen in Bibel und Koran, die das Töten untersagen. Hier stand das Unternehmen wahrscheinlich kurz vor seiner Auflösung.

Typ 1 – das erste Serienmodell 19

URČENO VÝHRADNĚ PRO ODBORNOU VEŘEJNOST

ceny jsou pouze orientační, pro aktuální cenu si zavolejte na tel.: 776 045 008.

Výrobu chladných zbraní jsem zahájil 8.8.1988 výrobou asijských zbraní pro bojové sporty. Chladné zbraně pro ninjutsu byly úspěšně testovány mistrem ninjutsu Janem Maďárem.

> Všechny informace na mých stránkách jsou pravdivé. Nejsem namyšlený, ani se nechvástám, jak píší závistivci na různých lapidáriích. Jejich pomluvy předám orgánům činným v trestním řízení.

Obchodní podmínky
- Obchodníci mají slevu 20%.
- Zasílání objednaného zboží poštou na dobírku, dodací lhůta max. 7 dní. Poštovné a balné je účtováno 100 Kč jednotně.
- Každý zákazník, který odebere zboží nad 10.000 Kč, má nárok na velkoobchodní ceny.
- Na nabízené nože je poskytována záruka 2 roky. Jedná se o nože s vysokou odolností proti zlomení, některé jsou navrženy pro použití v elitních vojenských jednotkách. Některé jsou již v armádách používány.
- Uvedené výrobky je možno zakoupit osobně v prodejně na výše uvedené adrese Po, Út, St 9 – 16 hod.
- Objednávky můžete zaslat i prostřednictvím SMS na tel.: +420 776 045 008.
- Objednávky můžete zasílat i e-mailem na adresu pulsungun@seznam.cz

> **ARCHRAFAEL OCHRANA ZDRAVÍ**
> Do 0,5l sklenice namačkej 1/3 česneku a zalij 2/3 přírodní pálenky, nech 21 dní na slunci za oknem vyluhovat. Užívej 1. den 3 kapky a další dny přidávej po 2 kapkách až dojdeš na 30. Potom po 2 ubírej, až skončíš na 2. Pak na měsíc přerušit. Silná ochrana pro vaše tělo.

> Současné virozy chřipky a angíny lze úspěšně vyléčit bez použití léků pitím čajíků z heřmánku a květu černého bezu - co hodinu jeden čajík -čajíky střídat-ne míchat heřmánek s černým bezem dohromady a navečer jeden šálek šalvěje.Čajíky z heřmánku a květu černého bezu nutno pít i v noci pokud se probudíte.A jelikož jsou bylinky kvítky Boží,tak se sluší poděkovat za vyléčení.

BIBLE I KORÁN SVATÉ KNIHY JSOU A BŮH JE LÁSKA A NE NENÁVIST.NÁBOŽENSTVÍ SPOJTE SE!!! A.G.
Ať nám zbraně slouží jen ke sportovním a sběratelským účelům a k ochraně zdraví života a majetku a ne např. k vyvražďovaní zvěře pod záminkou jejich údajného přemnožení!
Budeme se dívat na zvěř jen v ZOO, protože pár jedinců má potřebu je zabíjet pro své potěšení nebo pro zisk?
Jak dopadl národ, který má potřebu vyvražďovat jednoho z nejsilnějších tvorů planety - velrybu? Potřebujem další důkazy?
NA PRODEJNĚ NEJSOU LOVECKÉ ZBRANĚ ANI STŘELIVO!

Poznámka:
Dotazy na balistické nože jsou zbytečné - nevyrábím je. Drze jsou kopírovány v zahraničí a nabízeny např. švýcarskou firmou jako nůž pro speciální švýcarské komando, nebo jako nůž polských výsadkářů v německé knize o speciálních zbraních. Balistický český nůž nebyla žádná kopie KGB, ale má vlastní konstrukce vyvíjené několik roků. S nožem KGB měl společnou pouze hnací sílu - pružinu.

Vertrieb der ersten Ausführung in Deutschland
Von Messern dieser Ausführung sind in Deutschland wahrscheinlich nur einige Dutzend, weltweit vielleicht einige Hundert auf dem Sammlermarkt gehandelt worden. In Deutschland wurden die meisten dieser Messer von einem bekannten Militaria-Händler vertrieben, der sich noch gut an die ungewöhnliche Ware erinnern kann.

Er bezog sie seinerzeit von einem russischen Lieferanten aus Polen, der andeutete, dass die Messer von der dort stationierten Sowjetarmee stammen würden. Die Exemplare waren komplett unmarkiert, wiesen also keine Hersteller- oder Truppenstempel auf. Anfänglich waren sie, so erinnert sich der befragte Militaria-Händler, in schmucklose graue Pappkartons verpackt, wie aus früheren Militärbeständen der ehemaligen Ostblockstaaten bekannt. Später waren sie nur noch in braunes Fettpapier eingewickelt. Die letzten Lieferungen erfolgten unverpackt und waren teilweise schon verkratzt. Dies bezeichnete der Händler als offensichtliche Lagerschäden, denn die Messer waren aus seiner Sicht völlig unbenutzt.

Der Händler verkaufte die Ware in Deutschland für Preise um 500,- DM. Nach etwa einem Jahr fand offensichtlich ein „Modellwechsel" statt, denn der russische Lieferant aus Polen lieferte nun ein leicht abgewandeltes Modell.

Typ 1 – erste Modifikationen
Welche Umstände zu Veränderungen an dem mutmaßlichen ersten Modell des ballistischen Messers geführt haben, ist leider nicht nachweisbar. Jedoch scheinen die Modifikationen auf Praxiserfahrungen zurückzuführen zu sein, denn sie betreffen in erster Linie die Schusseigenschaften und die Handhabung der Waffe.

Wenige Jahre nachdem das hier als erstes Modell bezeichnete Messer im Westen bekannt wurde, tauchten einige Hundert einer neuen Version im Handel auf. Einige Dutzend davon waren auch bei dem genannten deutschen Militaria-Händler im Programm. Auf den ersten Blick unterschieden diese Messer sich von der ersten Ausführung durch ihre Oberflächenbehandlung – sie waren nicht grob phosphatiert oder parkerisiert, sondern wiesen vielmehr eine Brünierung auf.

Rechte Seite: Abb. 15: Typ 1 in seiner verbesserten Ausführung: Die Klinge weist nun einen Längsschlitz auf.

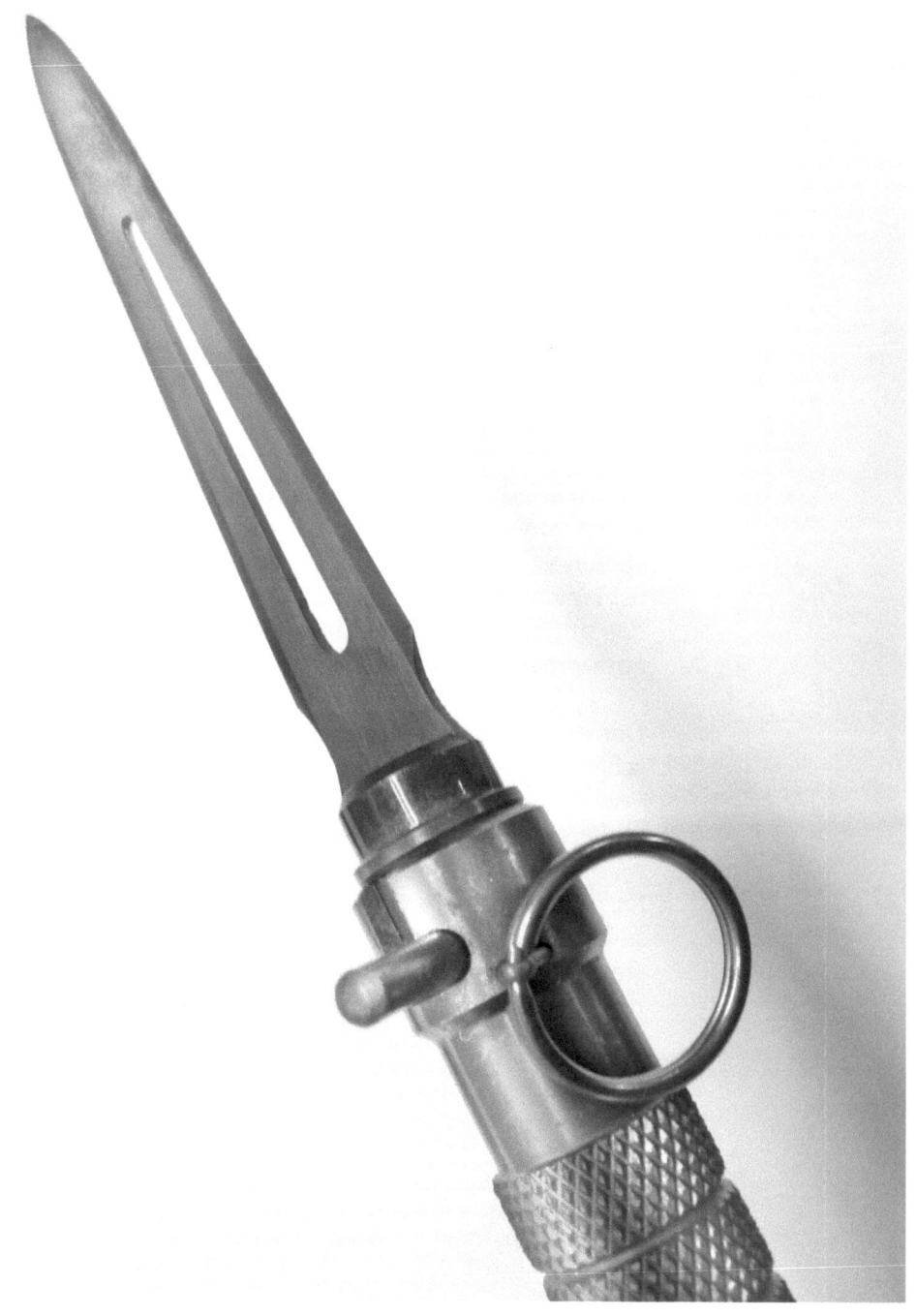

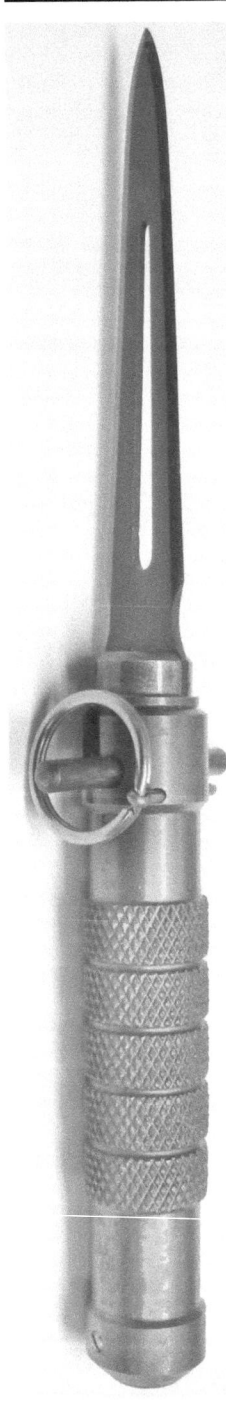

Ein weiteres wesentliches Unterscheidungsmerkmal war ein Längsschlitz in der Klinge, ähnlich einer Blutrinne, der entweder dazu diente, das Gewicht der Klinge noch einmal zu verringern, oder aber das Eindringen von Luft in die Wunde des Getroffenen zu erleichtern: Dies hätte die Wirksamkeit der Waffe verstärkt.

Im Rahmen der Modellpflege wurde auch die zuvor aus Aluminiumblech gefertigte Abschlusskappe der Scheide durch einen Kunststoffstopfen ersetzt. Die Ursache dafür mag gewesen sein, dass das dünne Blech zu leicht von der Klingenspitze durchstoßen wurde, wenn das Messer als Schlagwaffe verwendet wurde und das dünnwandige Scheidenrohr sich zusammenstauchte.

Der zu den Messern befragte deutsche Militaria-Händler berichtet von der Erfahrung, dass die Kunststoffstopfen bei einigen der Exemplare, die durch seine Hände gingen, so locker saßen, dass sie leicht herausfielen. Dies deutet darauf hin, dass sie entweder schlecht eingepasst waren, oder aber das verwendete Material zum Schwinden neigte.

Abb. 17: Die röhrenförmige Scheide aus Aluminiumblech weist nun einen Abschlussstopfen aus Kunststoff auf.

Links: Abb. 16: Bis auf die geringfügigen Veränderungen an Klinge und Scheide ist der verbesserte Typ 1 baugleich mit seinem Vorgänger.

Typ 1 – das erste Serienmodell

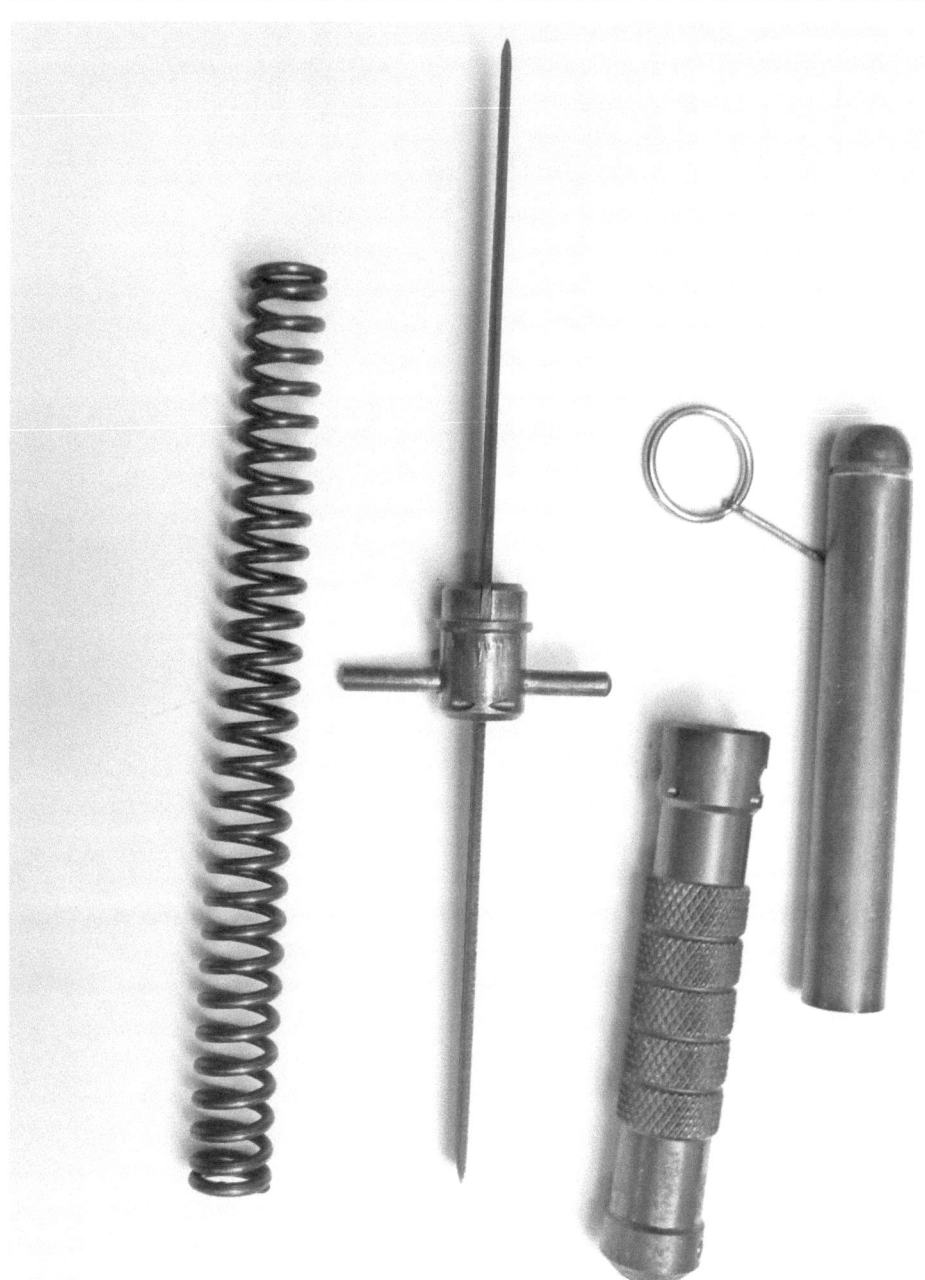

Abb. 18: Der modifizierte Typ 1 – hier zerlegt in seine einzelnen Komponenten.

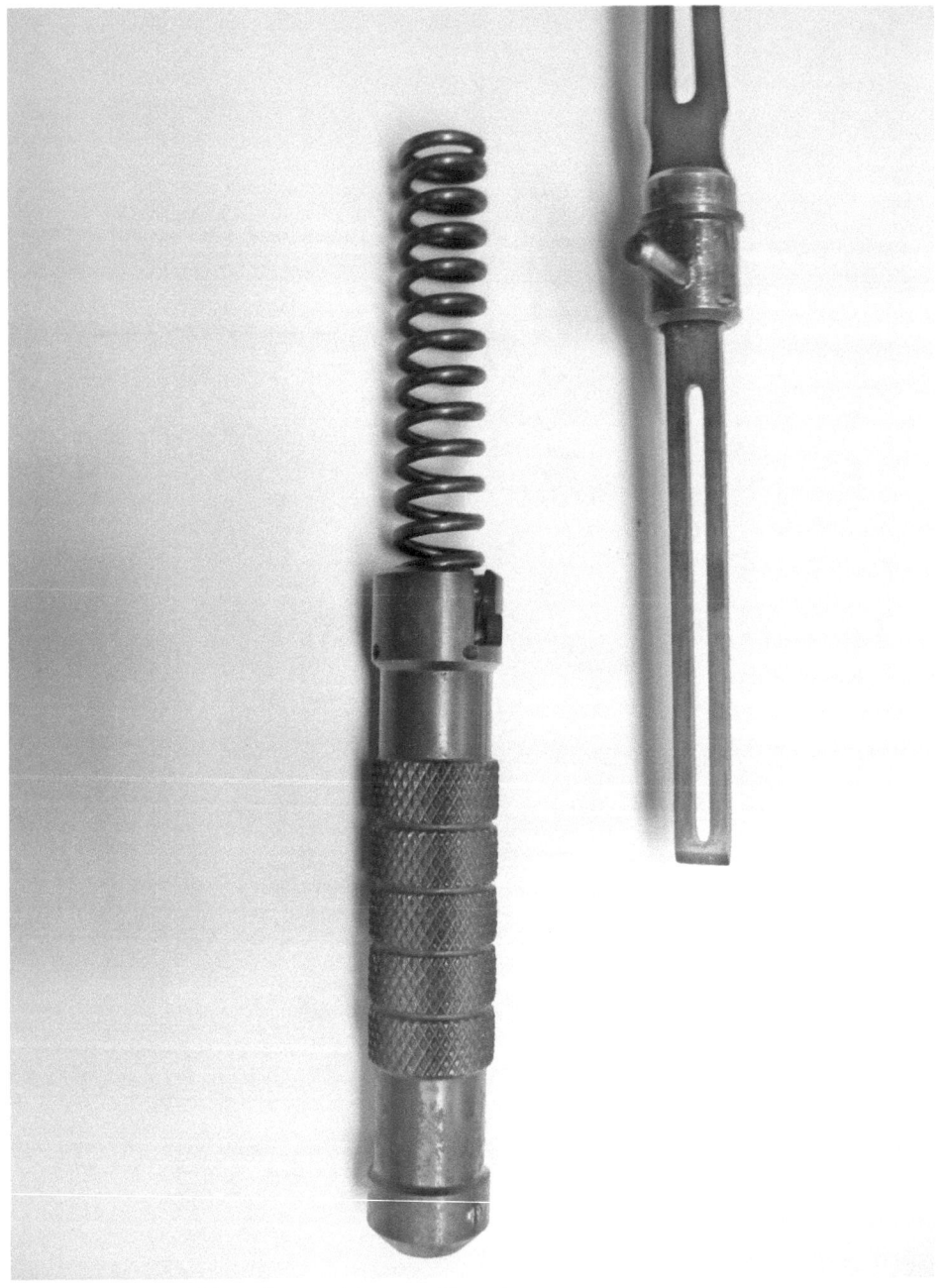

Abb. 19: Der Verschluss des modifizierten Typs 1.

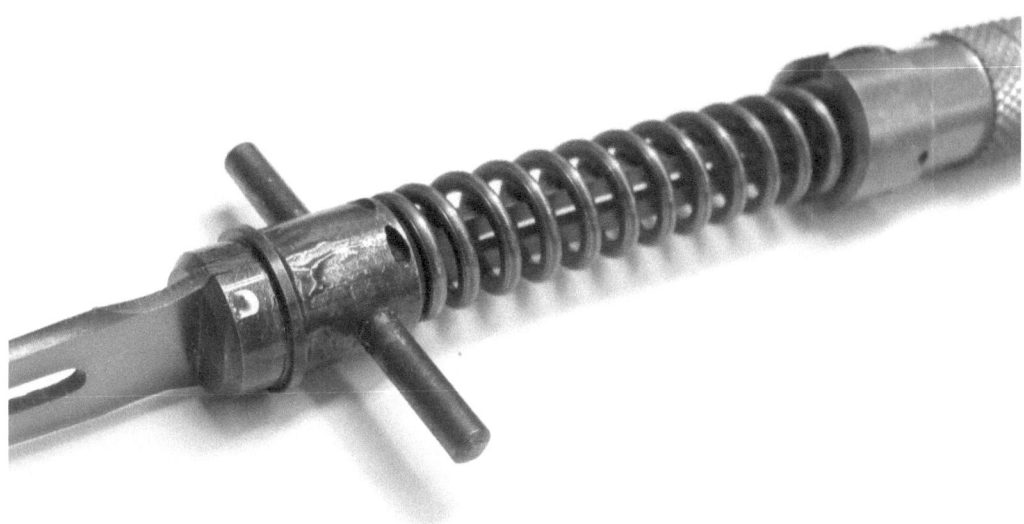

Abb. 20: Wieder ist eine Bohrung für einen Sicherungssplint angebracht.

Abb. 21: Das gespannte Messer mit eingesetztem Sicherungssplint.

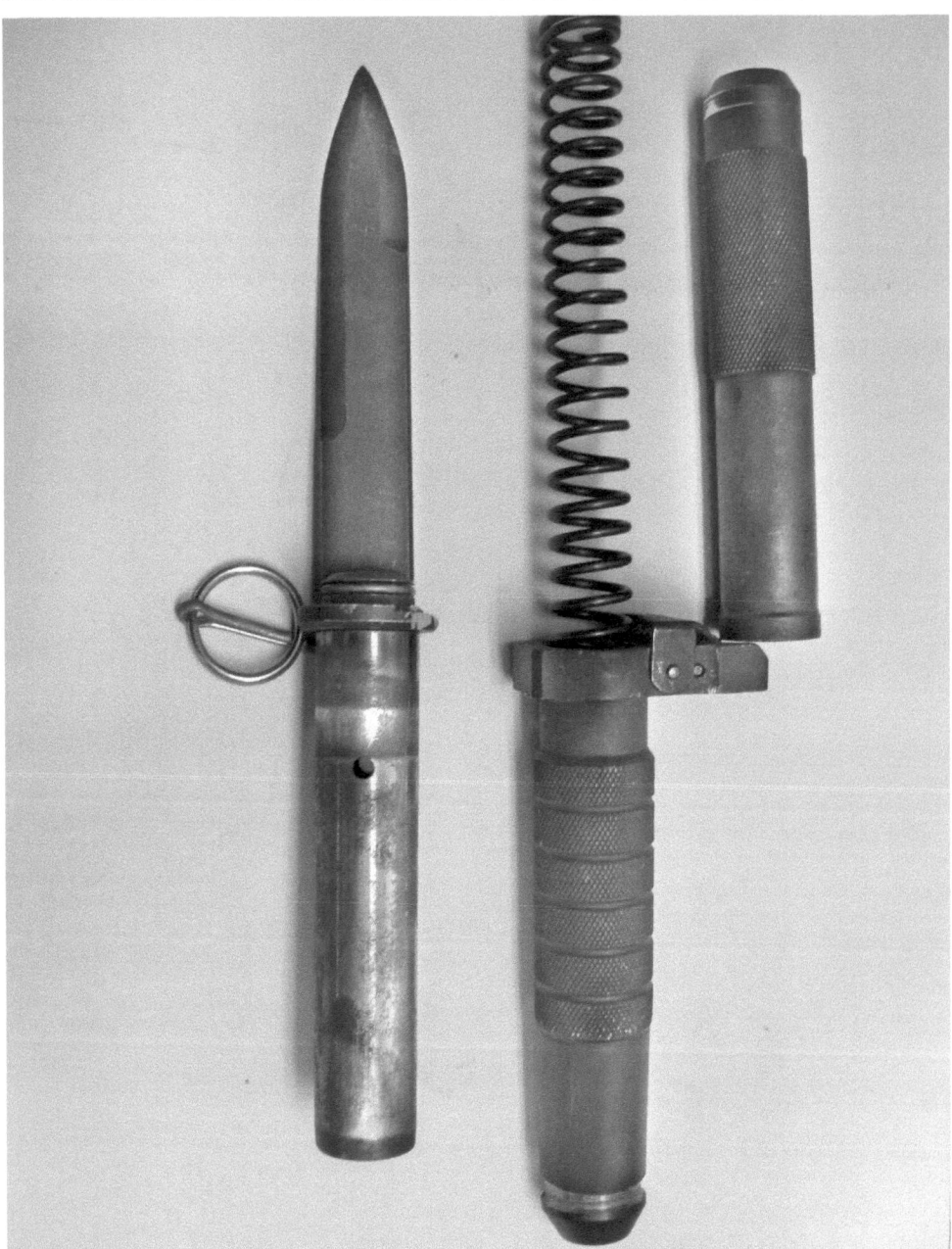

Abb. 22: In zerlegtem Zustand werden die starken Gebrauchsspuren dieses Exemplars deutlich. Hier ist die Frage zu stellen, ob ein Sammler sein (teures) Stück derart häufig verwendet hat oder ob eine operative Nutzung durch Militär oder Geheimdienste erfolgt ist.

Typ 2 – die verbesserte Version

Einige Jahre nachdem die ersten ballistischen Messer osteuropäischer Provenienz auf dem westlichen Sammlermarkt aufgetaucht waren, änderte sich die Konstruktion der angebotenen Exemplare. Sie weisen nun nicht mehr den zuvor einheitlich verwendeten Bajonettverschluss auf, sondern verfügen über eine neue Auslösevorrichtung. Wie zuvor ist die Klinge mit einem zylindrischen Metallkörper verschraubt, der in den Griff eingeschoben wird und als Widerlager für die darin enthaltene Spiralfeder dient. Doch handelt es sich hierbei nicht mehr um ein kurzes, massives Metallstück, sondern ein nach hinten offenes Rohr, in das die Feder eingreifen kann. Daraus ergibt sich eine größere mögliche Länge und damit auch Stärke der Feder. Des Weiteren ist die Klinge beim Hinausgleiten aus dem Griffrohr über eine längere Strecke geführt, was die Gefahr eines möglichen Taumelns der Klinge im nachfolgenden freien Flug verringern dürfte. Der schon beim ersten Hinsehen auffälligste Unterschied ist jedoch der weit vorstehende Auslösehebel. Dieser wird von einer starken Spiralfeder unter Spannung gehalten und greift in eine Nut im Bereich der Klingenwurzel ein. Der Schütze muss gegen den Druck der Feder den Hebel niederdrücken, um den Schuss

Abb. 23: Der geänderte Verschluss des Typs 2: Ein gefederter Auslösehebel greift in eine Nut im Bereich der Klingenwurzel ein und arretiert so die Klinge im Griff.

Abb. 24: Der breite Auslösehebel wird rechts und links von zwei hohen Stegen flankiert, um ein unbeabsichtigtes Auslösen zu verhindern.

Typ 2 – die verbesserte Version

Abb. 25: Die Klinge ist nunmehr mit einem nach hinten offenen Rohr verschraubt, in das die Triebfeder eingreifen kann.

auszulösen. Vor unbeabsichtigtem Auslösen schützt wieder ein mit einem Ring versehener Sicherungssplint. Die untersuchten Stücke dieser Bauart wirken im Vergleich zur ersten Ausführung professioneller gefertigt und auch die Qualität des verwendeten Materials scheint besser geworden zu sein. Die für dieses Buch untersuchten Stücke weisen entweder gar keine Markierungen auf, oder solche, die auf eine Fertigung in westlichen Ländern schließen lassen. Beispielhaft sollen im Folgenden zwei unmarkierte Stücke und ein mit „PAT. PEND." gestempeltes Exemplar vorgestellt werden. Erstere könnten aus Russland oder Osteuropa stammen, allerdings auch ebensogut im Westen gefertigt sein. Bei dem Gestempelten liegen die Dinge klarer, da „PAT. PEND." (engl. Patent pending = zum Patent angemeldet) eine üblicherweise im englischen Sprachraum anzutreffende Markierung ist.

An erster Stelle soll hier ein unmarkiertes Stück gezeigt werden, das eine matt phosphatierte Oberfläche aufweist. Dieses Finish, die verwendeten Materialien sowie die recht großen Fertigungstoleranzen könnten ein Indiz für eine osteuropäische oder russische Herkunft sein. Ungewöhnlich im Vergleich zu allen anderen untersuchten Stücken sind auch die starken Gebrauchsspuren, die sich an diesem Messer finden.

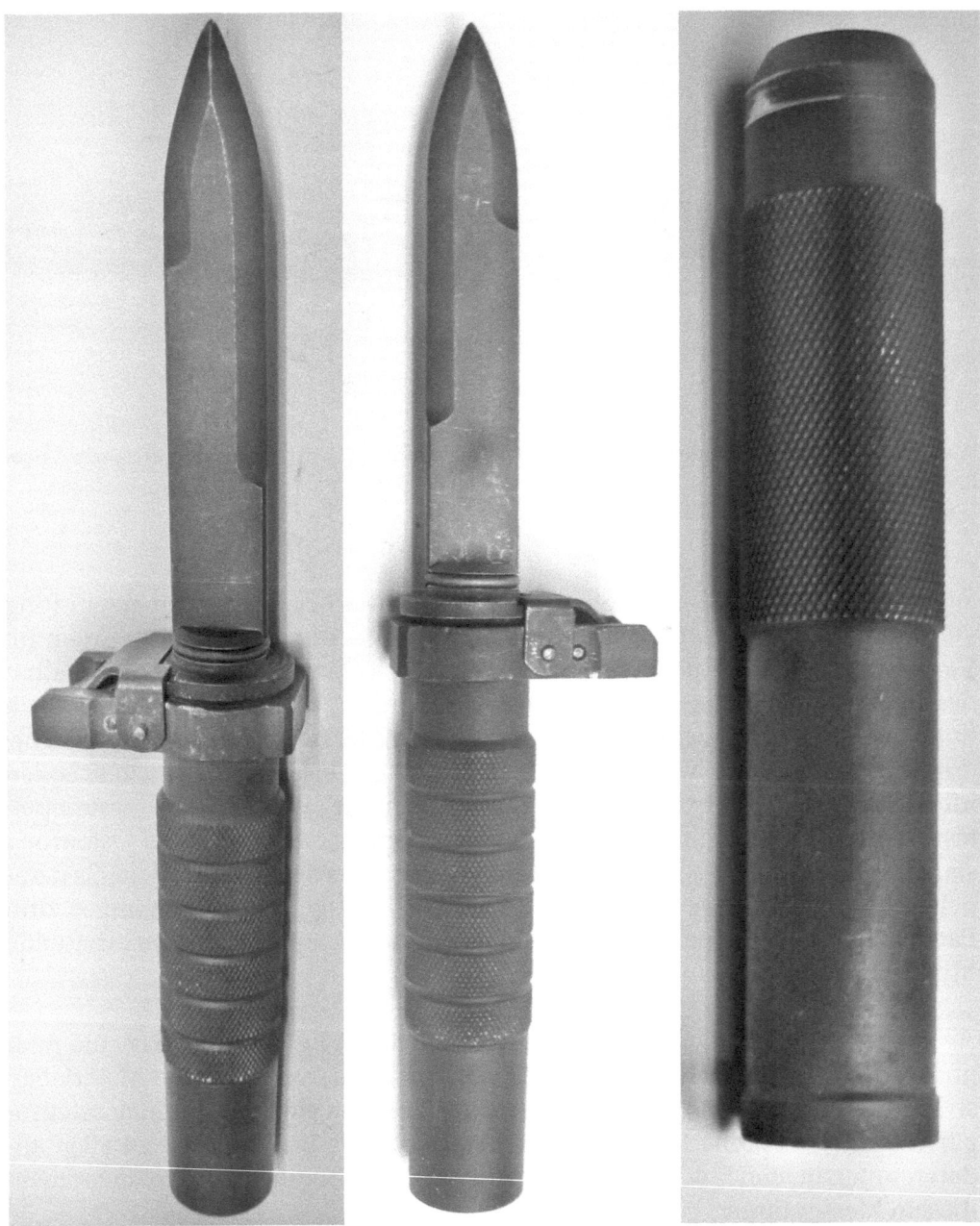

Abb. 26: Linke und rechte Seite des Typs 2 sowie, in vergrößerter Darstellung, die Scheide von neuartiger Konstruktion. Sie besteht aus gedrehtem Stahl mit verschraubtem Abschluss und weist im mittleren Bereich eine Verdickung mit kreuzweiser Riffelung auf.

Typ 2 – die verbesserte Version

Abb. 27: Der direkte Vergleich von Typ 1 und Typ 2 zeigt, dass die Messer zwar nahezu gleich lang sind, Typ 2 jedoch einen größeren Griffdurchmesser aufweist. Entsprechend ist der Durchmesser seiner Triebfeder ebenfalls größer und diese ist, dank des nach hinten offenen Gleitstücks, deutlich länger als die des Typs 1.

Abb. 28: Der Verschluss des Typs 2.

Typ 2 – die verbesserte Version

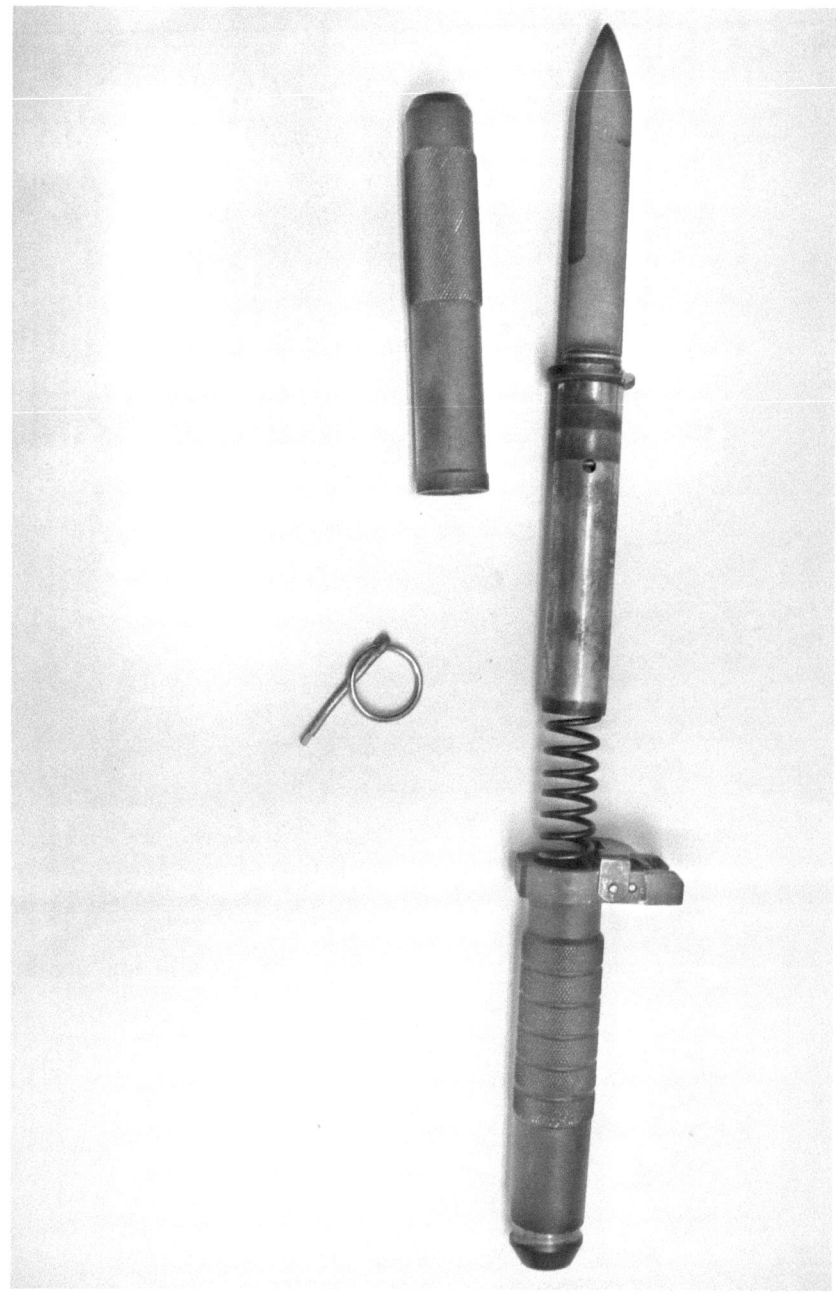

Abb. 29: Das nach hinten offene Gleitstück, mit dem die Klinge verschraubt ist, erlaubt eine längere Triebfeder als in Typ 1.

34 Ballistische Messer

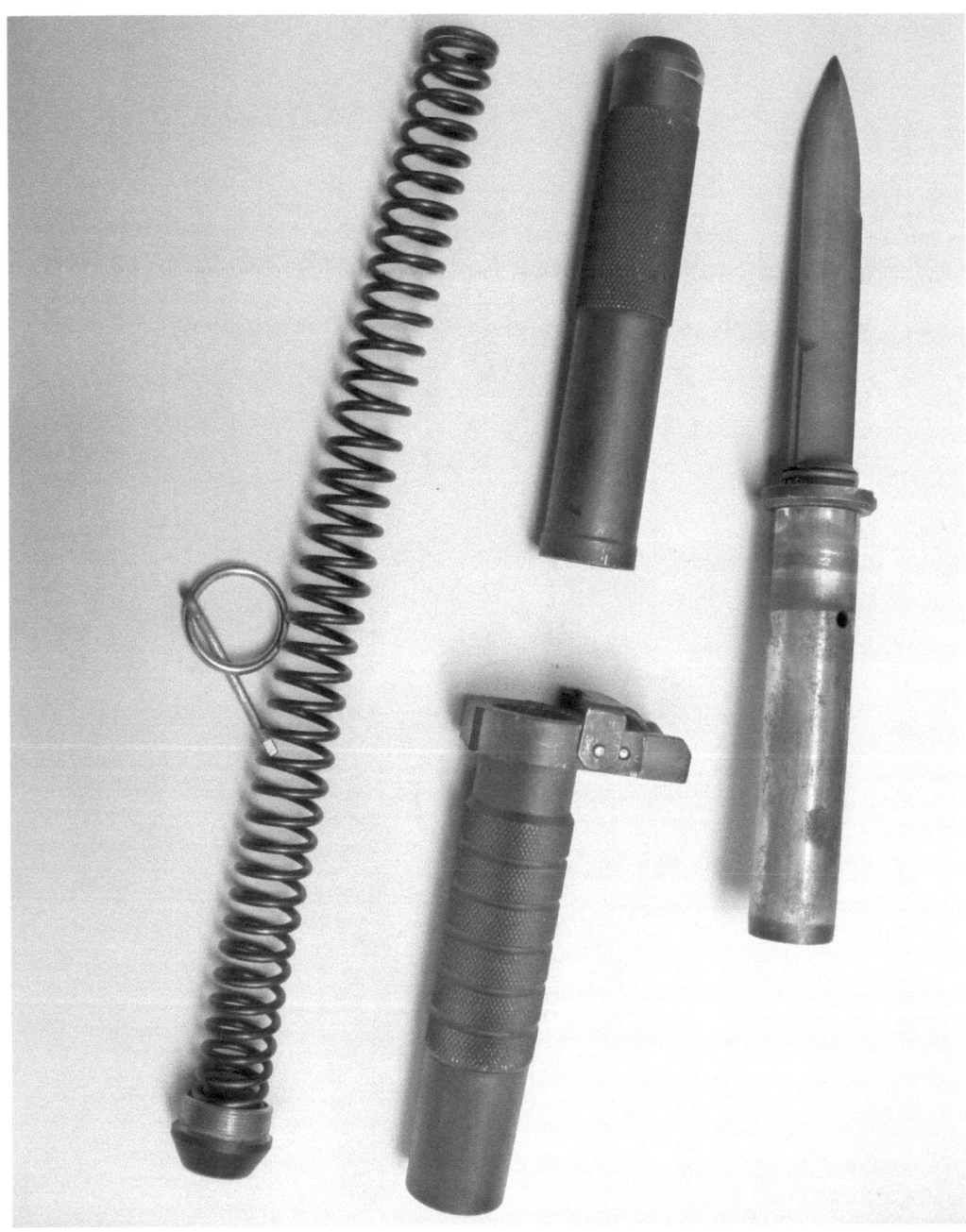

Abb. 30: Das Gleitstück der Klinge ist fast so lang wie das Griffrohr. Daraus ergibt sich eine optimale Führung der beim Abschuss herausgleitenden Klinge.

Typ 2 – die verbesserte Version

Ein weiterer unmarkierter Typ 2

Dieses Stück ist mit dem zuvor gezeigten nahezu baugleich. Sein Verschluss weist im Vergleich zu Typ 1 die gleichen Veränderungen auf. Ebenso sind die Abmessungen nahezu gleich, sodass sich die Klingen untereinander austauschen lassen und auch im Verschluss einwandfrei arretieren. Der prägnanteste Unterschied ist die Oberflächenbearbeitung, die beim hier behandelten Stück aus einer hochglänzenden Brünierung besteht.

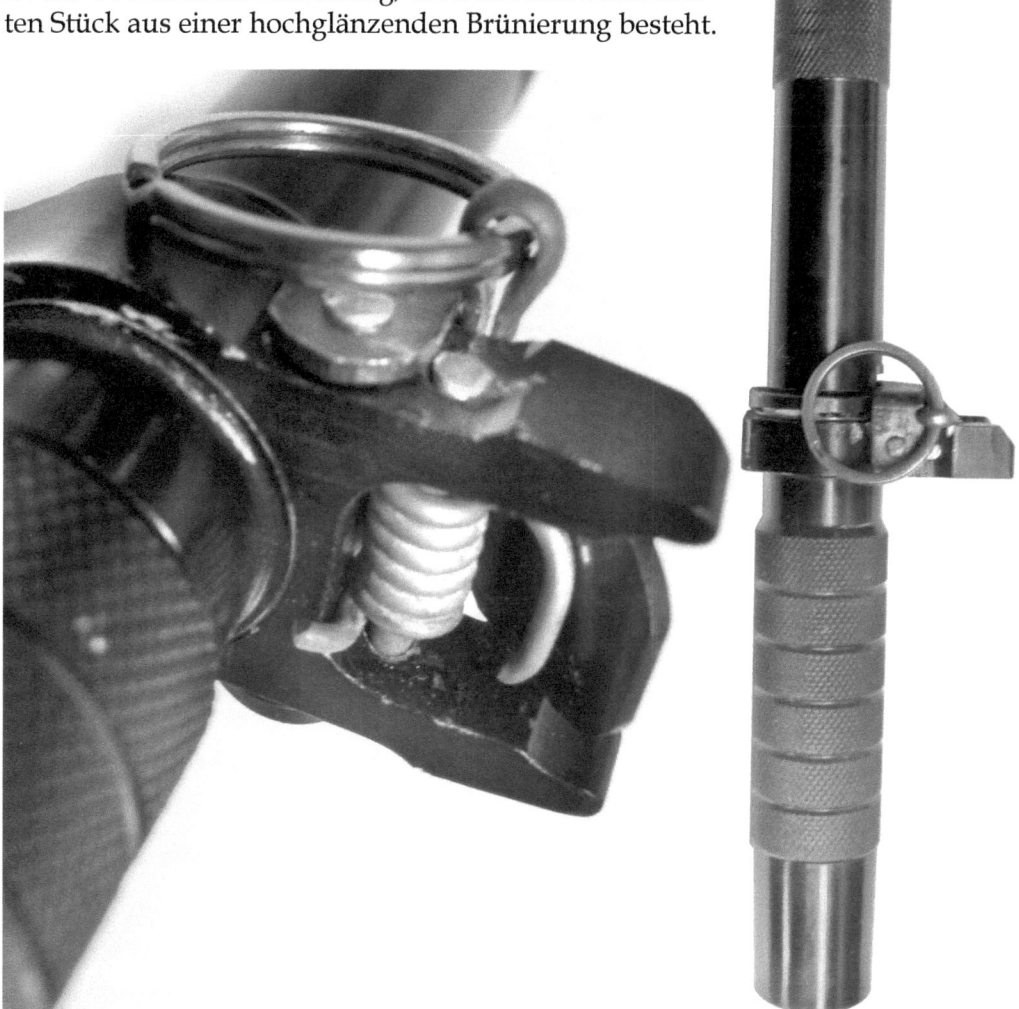

Abb. 31: Der hier gezeigte hochglanzbrünierte Typ 2 weist die gleichen konstruktiven Details wie das zuvor behandelte Exemplar auf.

Abb. 32: Auch der Verschluss unterscheidet sich nicht.

Typ 2 – die verbesserte Version

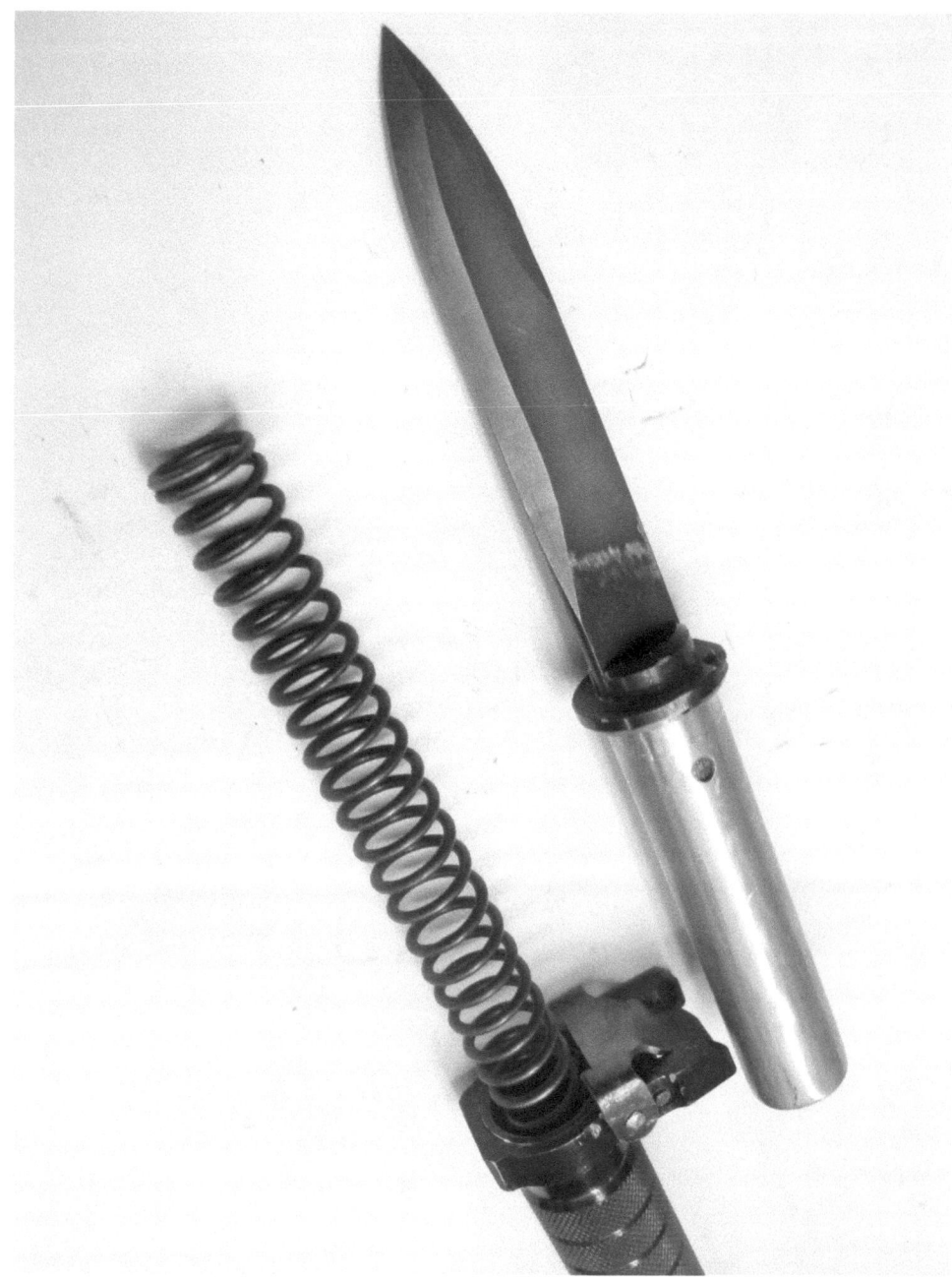

Abb. 33: Das Klingenelement ist mit dem zuvor gezeigten Messer austauschbar.

Abb. 34: Der Auslösehebel rastet exakt in die passende Nut im Bereich der Klingenwurzel ein.

Abb. 35: Nach dem Auslösen gleitet die Klinge nach vorne.

Abb. 36 und 37: Dieses Exemplar ist mit einem Gürteletui ausgestattet. Das Messer wird darin mitsamt Scheidenrohr getragen. Der Knauf lässt sich abschrauben und die Federführungsstange wird sichtbar.

Typ 2 – die verbesserte Version

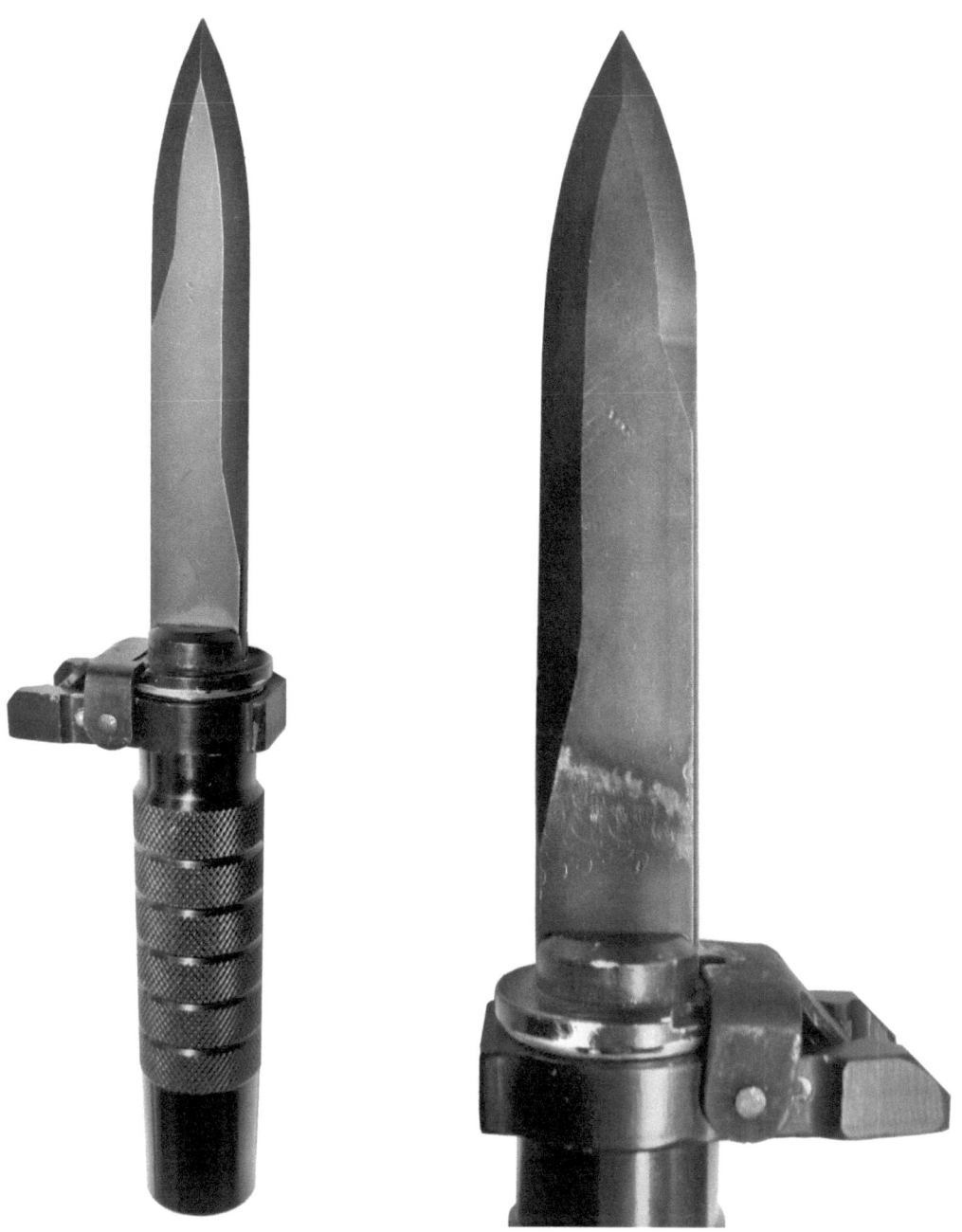

Abb. 38 und 39: Das Hochglanzfinish ist nicht besonders abriebfest. Obwohl das Messer ansonsten nur geringe Gebrauchsspuren aufweist, ist die Brünierung bereits an vielen Stellen abgerieben.

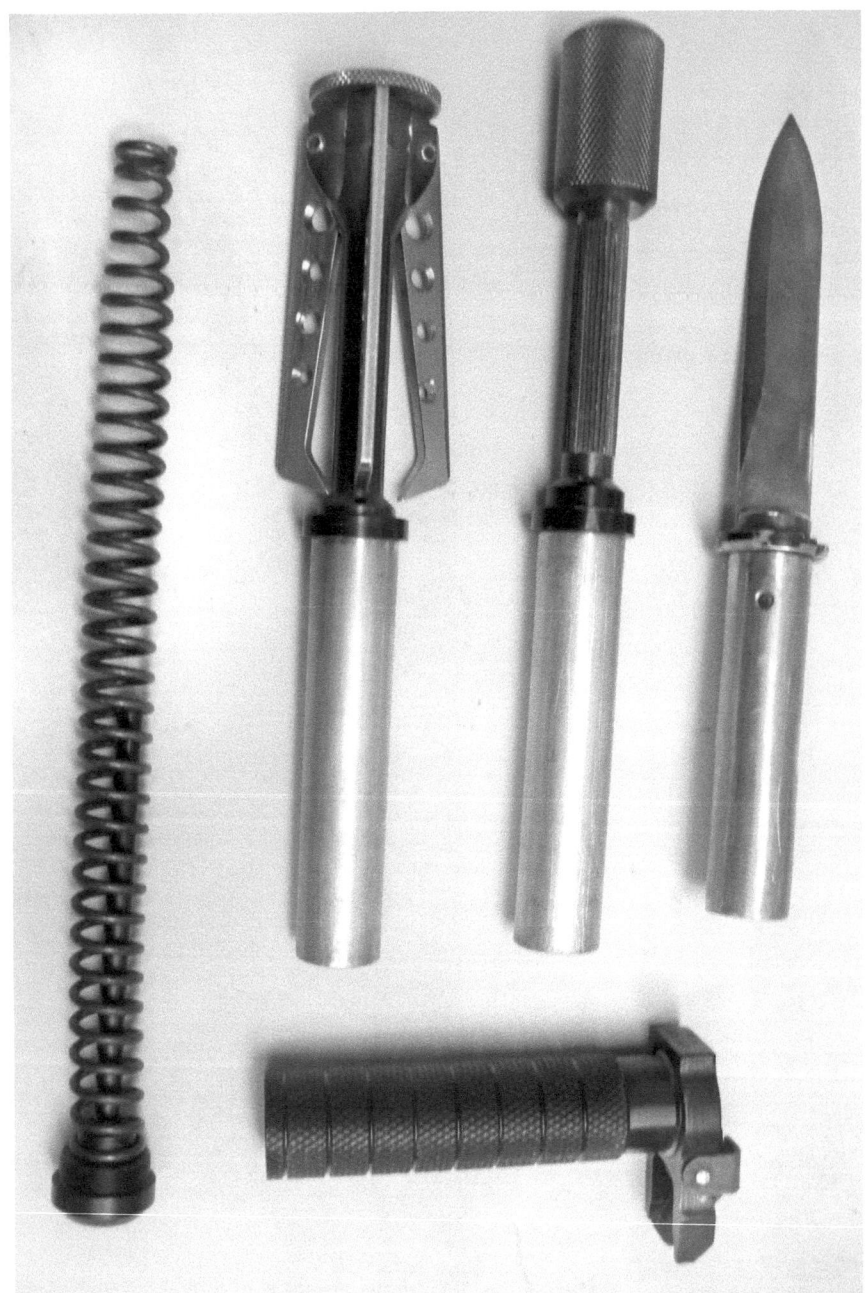

Abb. 40: Das zerlegte Messer zeigt, dass Verschlussmechanismus und Triebfeder denen der zuvor beschriebenen Typen 2 gleichen.

Nachbauten aus dem Westen

Nicht lange nachdem die ersten „KGB-" und „Speznas-Messer" auf dem westlichen Sammlermarkt aufgetaucht waren, machten sich einige Hersteller daran, die geheimnisumwitterte Konstruktion zu kopieren. Ein mutmaßlich in den USA gefertigtes Stück soll an dieser Stelle vorgestellt werden.

Mit großer Wahrscheinlichkeit aus dem Westen stammende Stücke sind fast immer dem Typ 2 zuzuordnen. In den 1990er-Jahren wurden diese sehr häufig in der US-Waffenfachpresse

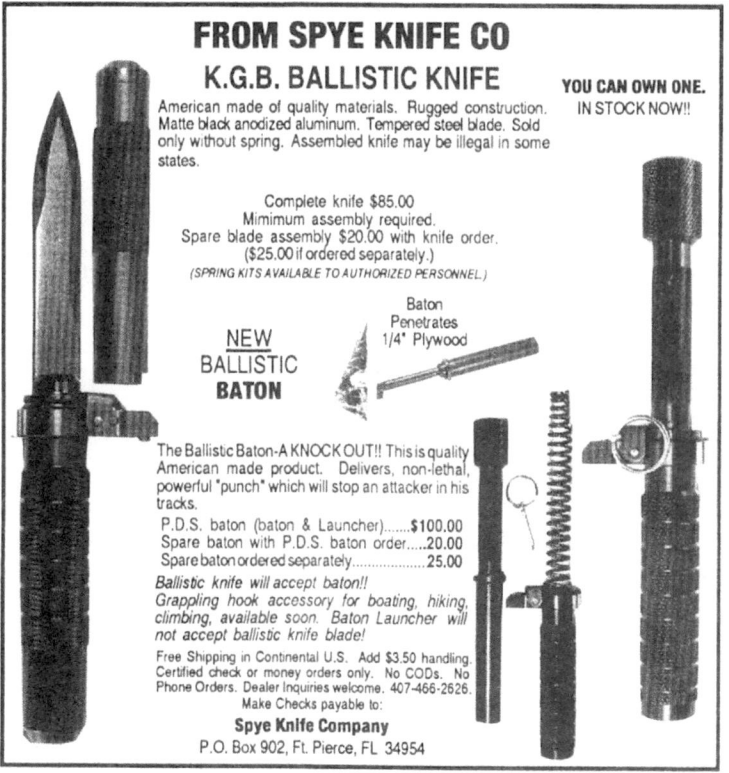

Abb. 41 und 42: Typ 2 aus US-Produktion neben der Werbeanzeige, mit der es in den ausgehenden 1990er-Jahren in der englischsprachigen Waffenfachpresse vertrieben wurde.

Abb. 43: „Pat. Pend." (Abk. für den englischen Begriff "Patent pending") lässt einen Rückschluss auf die Herkunft aus dem englischen Sprachraum zu.

per Inserat vertrieben. Auch im US-Söldnermagazin „Soldier of Fortune" gehörten Anzeigen wie die unten gezeigte zum gewohnten Erscheinungsbild. Das vorliegende Messer weist zwar keine Herstellermarke auf, aber zumindest die Aufschrift „Pat. Pend." Diese (Abkürzung für den englischen Begriff "Patent pending") lässt einen Rückschluss auf die Herkunft aus dem englischen Sprachraum zu, genauer auf die USA oder Australien, denn in Großbritannien hätte auch die Nummer der Patentanmeldung hinzugefügt werden müssen, um vollen Schutz vor illegalen Nachahmern zu erreichen.

Ein weiteres auffälliges Detail an diesem Exemplar ist das reichhaltige Zubehör. Der Griff dient nämlich nicht nur zum Abschuss einer Klinge. Vielmehr liegen auch zwei stählerne Totschläger und ein klappbarer Wurfanker bei. Diese scheinen auf den ersten Blick eine sinnvolle Erweiterung des Einsatzspektrums dieser Waffe zu sein. Denn zum einen hat der Verwender, wenn er einen solchen Einsatz in den Griff eingeschoben hat, eine wirksame Schlagwaffe zur Hand. Beim Abschuss auf einen Gegner sollte zumindest ein Kopftreffer aufgrund der sehr starken Triebfeder eine hohe Mannstoppwirkung erzielen. Auch der Wurfanker wirkt sehr stabil und lässt sich senkrecht mehr als zehn Meter hoch in die Luft schießen. In der praktischen Erprobung stellt sich jedoch die Frage, wie ein Seil

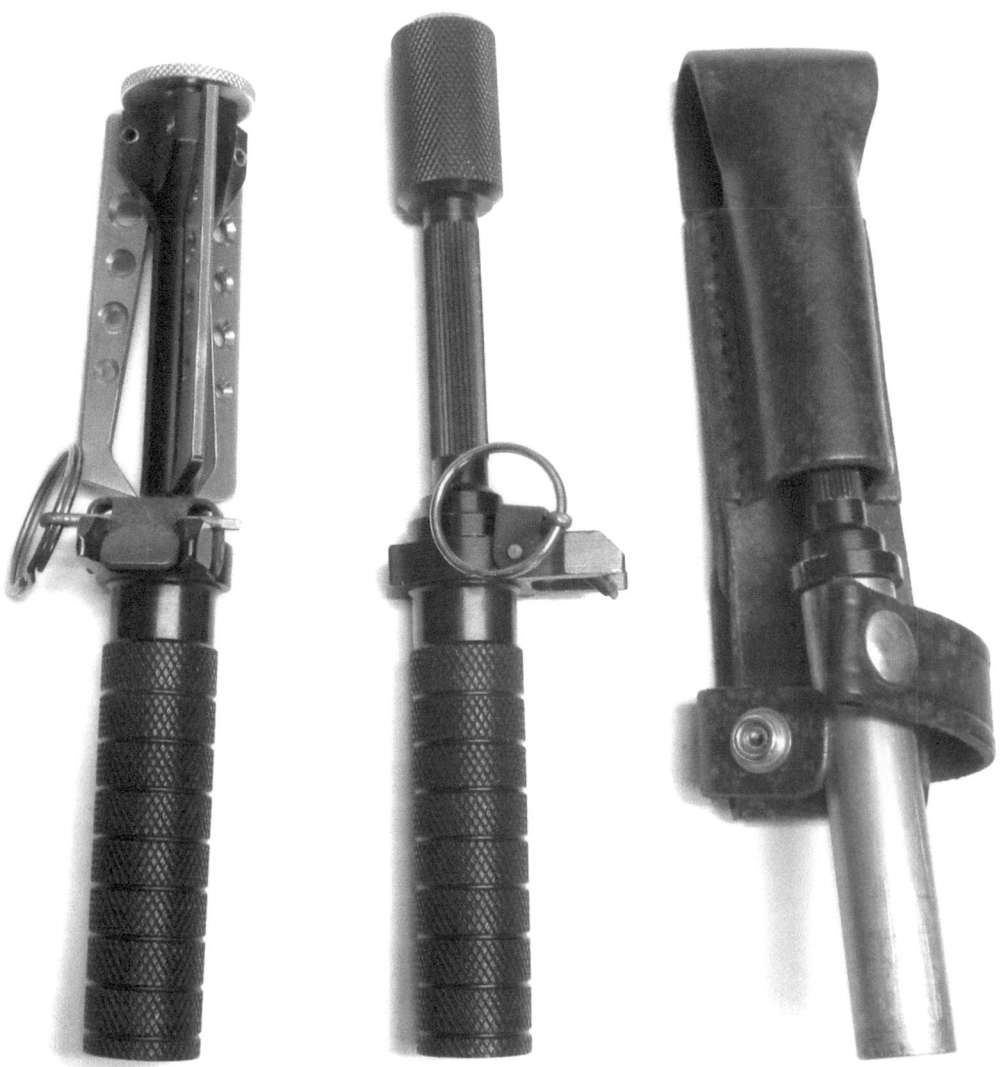

Abb. 44: Aus diesem ballistischen Messer lassen sich auch stählerne Totschläger und ein zusammenklappbarer Wurfanker verschießen.

Abb. 45: Die Arme des Wurfankers sind zu Transportzwecken einklappbar.

derart daran befestigt werden soll, dass ein ausgewachsener Mann es als sichere Kletterhilfe verwenden könnte! Allein die Bohrungen an den ausklappbaren Greifarmen wären dazu geeignet, doch sind diese zu klein, als dass sich ein genügend großer Karabiner hindurchstecken ließe, Auch würde eine solche einseitige Befestigung die Flugeigenschaften des Ankers wohl massiv beeinträchtigen. Allerdings könnte der Wurfanker auch dazu dienen, eine dünne Schnur damit an einen erhöht liegenden Punkt zu „schießen", um dann eine Drahtantenne für die im militärischen und geheimdienstlichen Bereich gebräuchlichen Hochfrequenz (HF) Funkgeräte hochziehen zu können. In beengten räumlichen Verhältnissen,

Abb. 46: An keiner Stelle der Kletterhilfe lässt sich ein Seil oder Karabinerhaken praxisgerecht befestigen.

wie beispielsweise in urbanen Einsatzgebieten, also ein durchaus sinnvolles Zubehör. Bezüglich des Zubehörs ist es lohnend, sich die eingangs vorgestellte Werbeanzeige für das Messer noch einmal anzuschauen, denn darin finden sich nicht nur interessante Hinweise auf die Herkunft des Messers, sondern auch zum intendierten Verwendungszweck sowie der rechtlichen Situation in den USA zum Zeitpunkt der Veröffentlichung der Anzeige. Aus Gründen der Lesbarkeit ist der Text auf der rechten Seite noch einmal wiedergegeben.

**FROM SPYE KNIFE CO
K.G.B. BALLISTIC KNIFE**

YOU CAN OWN ONE.
IN STOCK NOW!!

American made of quality materials. Rugged construction. Matte black anodized aluminum. Tempered steel blade. Sold only without spring. Assembled knife may be illegal in some states.

Complete knife $85.00
Minimum assembly required.
Spare blade assembly $20.00 with knife order.
($25.00 if ordered seperately)
(SPRING KITS AVAILABLE TO AUTHORIZED PERSONNEL)

<u>NEW</u>
BALLISTIC
BATON

The Ballistic Baton – A KNOCK OUT!! This is quality American made product. Delivers, non-lethal, powerful „punch" which will stop an attacker in his tracks.

P.D.S. Baton (baton & launcher).......$100.00
Spare baton with P.D.S. Baton order...20.00
Spare baton ordered seperately...........25.00

Ballistic knife will accept baton!!
Grappling hook accessory for boating, hiking, climbing, available soon. Baton launcher will not accept ballistic knife blade!

Free shipping in continental U.S. Add $3.50 handling. Certified check or money orders only. No CODs. No phone orders. Dealer inquiries welcome.407-466-2626. Make checks payable to:

Spye Knife Company
P.O. Box 902, Ft. Pierce, FL 34954

Zunächst einmal überrascht der Anbieter seine Kunden mit der Eröffnung, dass das „KGB-Messer" *American made of quality materials* („in den USA hergestellt aus Qualitätsmaterialien") ist. Bei einer Waffe, die angeblich der sowjetische Geheimdienst verwendet, wäre dies zumindest ungewöhnlich.

Der Wurfanker wird als Zubehör für den Wassersport, zum Wandern und Klettern bezeichnet und seine Verfügbarkeit erst für die Zukunft angekündigt: *Grappling hook accessory for boating, hiking, climbing, available soon* – dass er im vorliegenden Set enthalten ist, lässt darauf schließen, dass das Messer als Basis über einen längeren Zeitraum gefertigt wurde.

Der Passus *Sold only without spring* („Verkauf nur ohne Feder") weist darauf hin, dass ballistische Messer zum Zeitpunkt der Veröffentlichung der Anzeige in den USA rechtlich bereits auf tönernen Füßen standen. Dass der Hersteller allerdings die gesetzlichen Regularien bezüglich der Zulässigkeit ballistischer Messer in den USA eher locker auslegte, zeigt sich an den Zusicherungen *Ballistic knife will accept baton!!* (Schlagstock lässt sich aus dem ballistischen Messer verschießen) und *Baton launcher will not accept ballistic knife blade!* (Messerklinge lässt sich nicht in das Griffstück des Schlagstocks einführen). Der Anbieter behauptet also, die Messerklinge ließe sich nicht vom Griffstück des Schlagstocks verschießen. Schließlich bietet er diesen mit Feder an. In der Praxis zeigt sich jedoch, dass alle Teile dieses Sets untereinander austauschbar sind: Am vorliegenden Exemplar ließ sich die Klinge sehr wohl aus beiden Griffstücken verschießen!

Ohnehin ist das Messer in Konstruktion und Fertigungsqualität den zuvor beschriebenen Varianten des Typs 2 sehr ähnlich. Dies geht so weit, dass sich die Klingen und Wurfkörper untereinander austauschen lassen. Verschlussmechanismus und Innendurchmesser des Griffrohrs sind somit identisch. Die Waffe weist eine hochglänzende schwarze Brünierung auf, die sie dem zuvor beschriebenen Typ 2 ähneln lässt. Allerdings ist ihr Griff dahingehend anders gestaltet, dass die kreuzweise Riffelung sich bis zum Knauf hinzieht.

Zusammenfassend lässt sich über dieses Messer sagen, dass das Hauptaugenmerk des Herstellers offenbar darauf lag, seinem Produkt die Aura des Geheimnisvollen zu geben. Darauf deutet das fehlende Herstellerzeichen ebenso hin wie das Zubehör, das zum Teil die Praxistauglichkeit vermissen lässt.

Nachbauten aus dem Westen

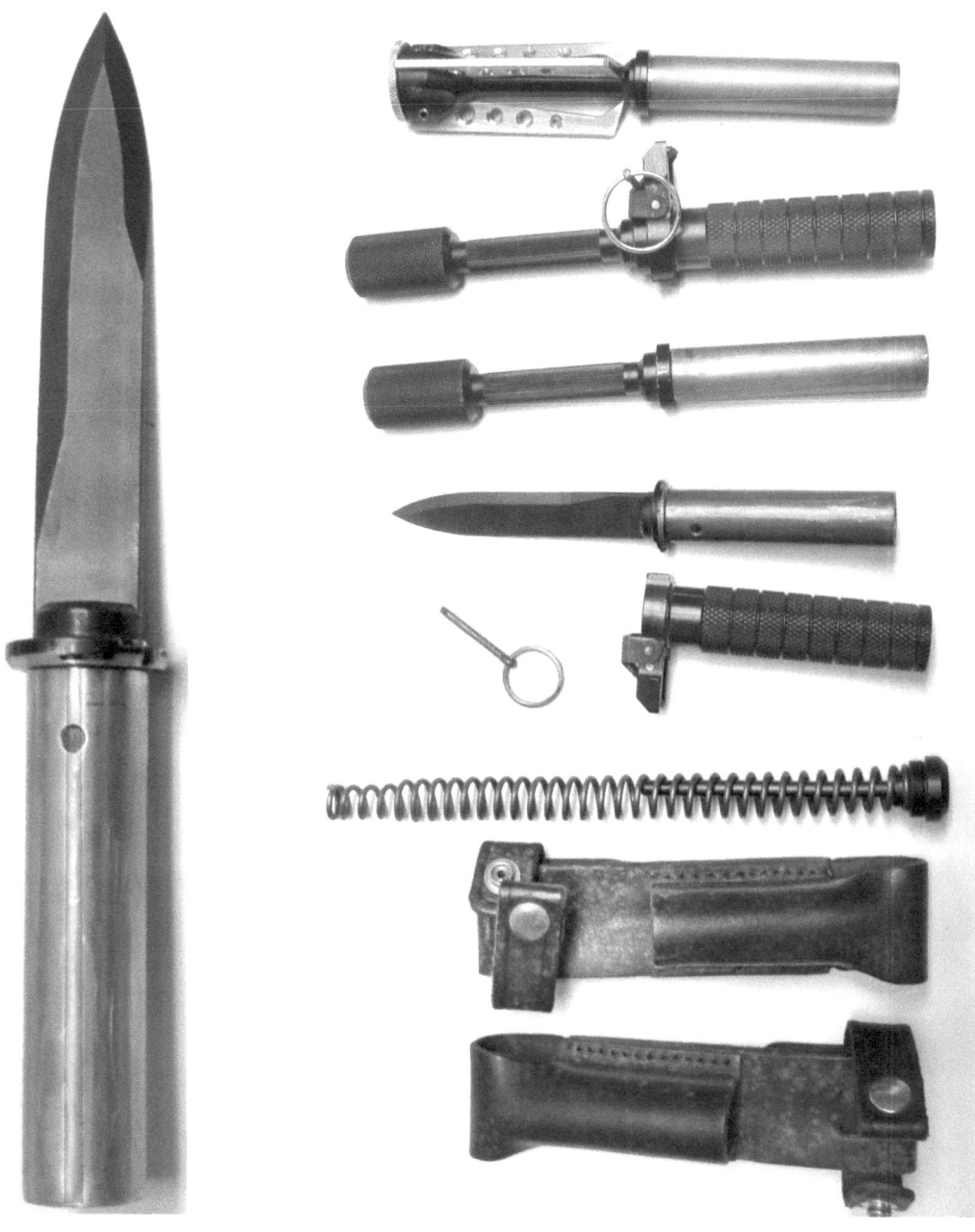

Abb. 47 und 48: Das komplette vorliegende Set umfasst zwei Griffstücke, zwei Totschläger, einen Wurfanker und eine Klinge. Alle Einsätze lassen sich aus beiden Griffstücken verschießen.

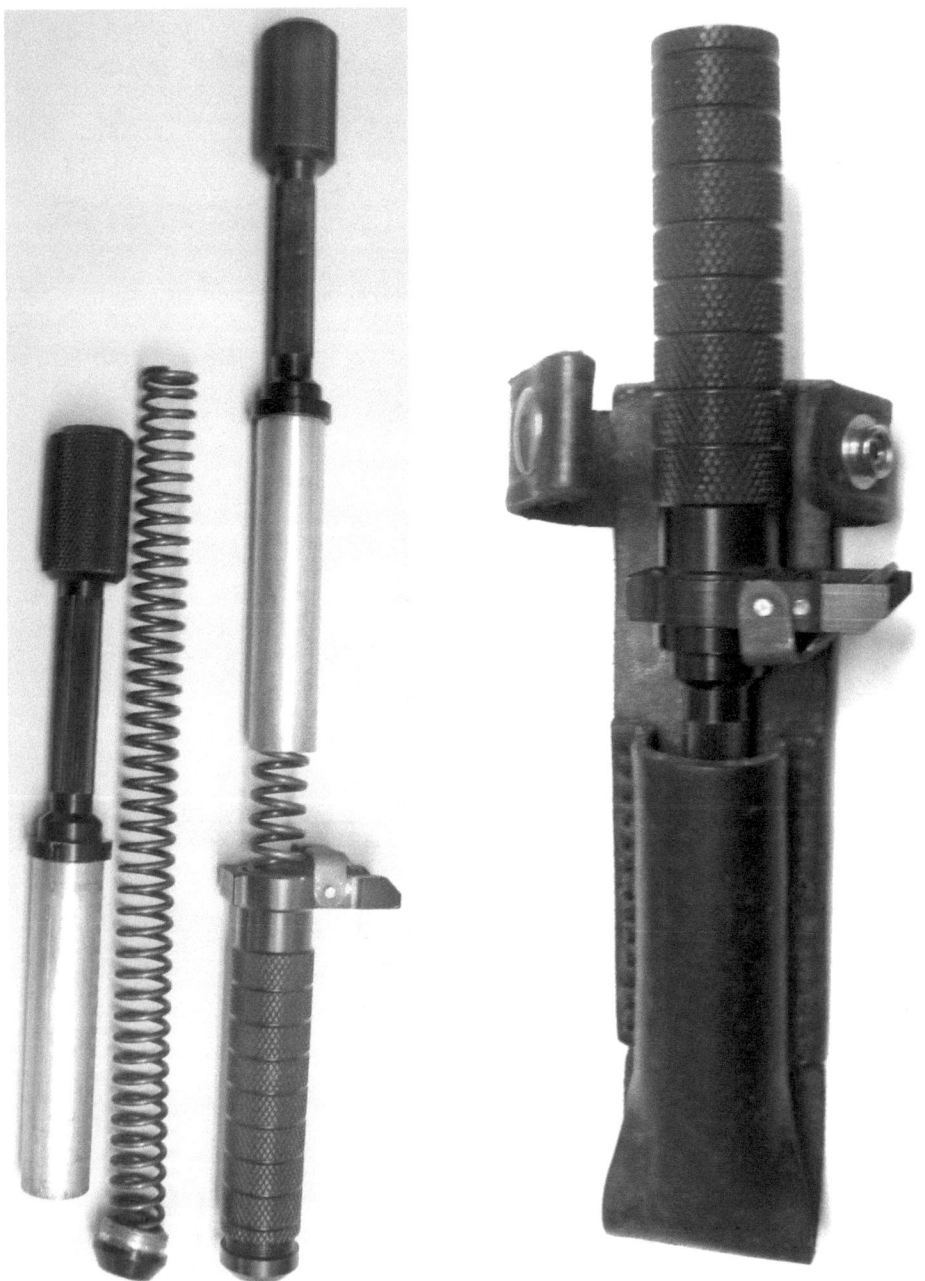

Abb. 49: Das Scheidenrohr fehlt bei dem vorliegenden Stück. Somit lässt es sich, nurmehr mit dem Totschlägeraufsatz versehen, sicher in dem Lederetui transportieren.

Nachbauten aus dem Westen

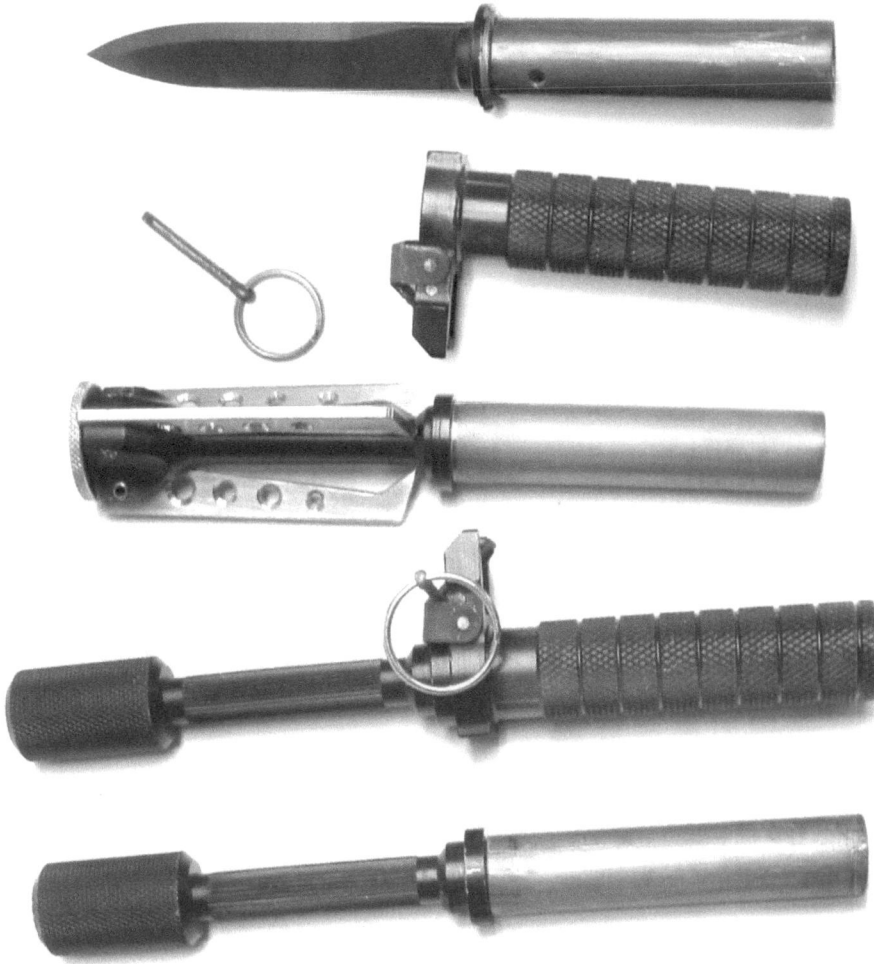

Abb. 50: Die Funktionsteile des Sets in der Übersicht.

Abb. 51: Ein Angehöriger einer russischen Speznas-Einheit verstaut seine Jarygin-Pistole im Schnellziehholster. (Quelle: Vitaly Kuzmin, http://vitalykuzmin.net)

Russische Spezialeinheiten

Wer die ballistischen Messer einer russischen Spezialeinheit namens „Спецназ" (Speznas) zuordnen will, muss erst einmal präzisieren, welche Elitetruppe des Ex-Sowjetreiches er meint. Denn der russische Begriff „Speznas" steht für „специального назначения" (spezialnowo nasnatschenija), was auf deutsch am besten mit „zur besonderen Verwendung" zu übersetzen ist.

Damit bedeutet „Speznas" im Russischen nichts anderes als „Spezialeinheit". Entsprechend bezeichnen russische Militärs nicht nur jede ihrer eigenen Spezialeinheiten als „Speznas", sondern auch die der westlichen Welt. Der britische „Special Air Service" (SAS) ist im Russischen beispielsweise schlicht „Britski Speznas SAS".

Abb. 52: Angehörige einer russischen Speznas-Einheit durchwaten einen Fluss im Rahmen einer Übung. (Quelle: Vitaly Kuzmin, http://vitalykuzmin.net)

GRU-Spoznas

Spezialeinheiten gibt es in der heutigen russischen Föderation viele. Allen voran ist diesbezüglich die „GRU Speznas" (ГРУ Спецназ) zu nennen. GRU steht für „Glawnoje Raswedywatelnoje Uprawlenije" (Главное разведывательное управление), übersetzbar mit „Hauptverwaltung für Aufklärung". Sie untersteht dem Generalstab der Streitkräfte der Russischen Föderation. Hauptaufgabe der GRU ist die nachrichtendienstliche Beschaffung aller militärisch relevanten Informationen. Darüber hinaus dient sie der Spionageabwehr innerhalb der russischen Streitkräfte.

Als operative Kommandoeinheit für unkonventionelle Kriegsführung unterhält die GRU eine „Speznas" genannte Spezialeinheit. Deren Betätigungsfeld ist, zum Zweck der Aufklärung und asymmetrischen Kriegsführung verdeckt hinter feindlichen Linien zu operieren. Neben gewaltsamer Aufklärung feindlicher Befehlszentralen sind mobile Abschussrampen für taktische Nuklearwaffen eines ihrer Primärziele. Auch diese sollen sie aufklären und gegebenenfalls auch eliminieren. Darüber hinaus gehören auch andere Einsätze zur Schwächung des Gegners in seinem Hinterland zu den Einsatzszenarien dieses Sonderverbandes – in eigener wie auch in Feinduniform.

Beispiele für Aktionen dieser Art konnte die Weltöffentlichkeit 2014 im Verlauf der Annektion der ukrainischen Halbinsel Krim durch russische Streitkräfte beobachten: Vor dem Einmarsch der regulären Truppen besetzten hochprofessionelle Spezialkräfte strategisch wichtige Punkte, wie beispielsweise Flughäfen. Deren Bewaffnung war einheitlich russischer Herkunft, bestand jedoch nicht etwa aus altgedienten AK-47 oder AK-74 Sturmgewehren, wie sie beispielsweise die prorussischen Milizen in der Donezk-Region verwendeten. Sie trugen moderne AK-103 oder auch schallgedämpfte Sturmgewehre AS „Wal". Das auffälligste an diesen Spezialisten war ihre Uniformierung, die keinerlei Hoheits- oder Rangabzeichen aufwies. Dennoch waren die Kleidungsstücke einheitlich und offensichtlich weitgehend neu. Hier hatte offensichtlich Ausrüstung für militärische Handstreiche in „neutraler" Uniformierung in einem Armeemagazin bereitgelegen – eine typische Speznas-Verfahrensweise.

Der Speznas der GRU wurde bereits 1950 gegründet, zunächst in Form von 46 eigenständigen Kompanien. Ein Großteil der Rekrutierten hatte während des Zweiten Weltkriegs als Partisanen gegen die Achsenmächte gekämpft – damit konnte die damalige Sowjetunion auf ein Heer Tausender erfahrener Untergrundkämpfer zurückgreifen.

Ab etwa 1970 rekrutierte die GRU verstärkt Soldaten aus den südlichen Sowjetrepubliken für ihren Speznas, da beispielsweise Tadschiken und Aserbaidschaner mit Farsi und Türkisch die Sprachen möglicher Gegner beherrschen. Vielleicht sahen die damaligen Sowjetherrscher auch voraus, dass in den südlichen Teilen ihres Reiches zahlreiche Unruheherde entstehen, in denen sprachkundige Spezialkräfte zur Niederschlagung von Aufständen benötigt werden könnten.[1]

Zunächst zielten die Aktivitäten der GRU jedoch auf ein Nachbarland: Ab Mai 1979 stellte die russische Hauptverwaltung für Aufklärung eine Speznas-Einheit zusammen, die fast ausschließlich aus Usbeken, Turkmenen und Tadschiken bestand. Diese Truppe stürmte dann am 27. Dezember 1979 zusammen mit Einsatzgruppen des KGB den Palast des afghanischen Präsidenten Hafizullah Amin in Kabul – der Beginn des sowjetischen militärischen Engagements am Hindukusch.[2]

Als im Verlauf der 1980er-Jahre die militärische Situation in Afghanistan immer schwieriger wurde, wurde die Speznas dort immer häufiger benötigt. Im Kampf gegen die mit amerikanischen Waffen ausgestatteten Mudschahedin hatte die Spezialeinheit zwar häufig Verluste zu verzeichnen, jedoch konnte sie auch wertvolle Einsatzerfahrungen sammeln, die sich bei Operationen in späteren Konflikten bezahlt machen sollten.

Zu Beginn der 1990er-Jahre brachte der Zusammenbruch der Sowjetunion viele bewaffnete Konflikte mit sich, so in Asserbaidschan, Bergkarabach, Inguschetien, Nordossetien, Georgien und natürlich Tschetschenien. In all diesen Regionalkonflikten kamen Einheiten der GRU-Speznas zum Einsatz und machten nicht selten mit Menschenrechtsverstößen von sich reden.[3]

---

[1] Vgl.: Baumann 2015, S. 144ff
[2] Vgl.: Grau 2012, S. 216
[3] Vgl.: Galeotti 2013, S. 36f

Weitere russische Spezialeinheiten

Wie bereits erwähnt, ist die Speznas der GRU bei weitem nicht die einzige russische Spezialeinheit unter dieser Bezeichnung. So verfügt jede Flotte der russischen Marine (Nordmeer-, Pazifik-, Baltische-, Schwarzmeerflotte) über ihre eigene, nach dem Modell des GRU-Speznas gestaltete Aufklärungseinheit, jeweils „MRP" (Morskoy Razvedovatel'ny Post) genannt. Jede Flotte unterhält zudem ihre eigene Anti-Sabotage Einheit PDSS (Protivodiversionnye Sily i Sredstva). Die (flottenübergreifende) Marineinfanterie ist als morskoye voiska spezialnowo nasnatschenija (морского войско специального назначения) ebenfalls Speznas.

Der nahende Zusammenbruch des kommunistischen Sowjet-Staates brachte die Gründung zahlreicher weiterer Spezialeinheiten mit sich. Der angenommene Gegner dieser Spezialkampfverbände wurde nun nicht mehr außerhalb des eigenen Territoriums vermutet, sondern innerhalb der eigenen Gesellschaft.

So hat das russische Innenministerium eine Polizeieinheit für besondere Zwecke aufgestellt: OMON (ОМОН = Otrjad Mobilny Osobogo Nasnatschenija – Отряд мобильный особого назначения – „Mobile Einheit besonderer Bestimmung"), die im alltäglichen Sprachgebrauch ebenfalls „Speznas" genannt wird. Sie übernimmt im weitesten Sinne Einsätze, die in Deutschland von den SEKs der Polizei ausgeführt werden. In der Vergangenheit waren OMON-Einheiten jedoch auch an der gewaltsamen Unterdrückung von Demonstrationen beteiligt.[4]

Die Spezialeinheit OSN Saturn (ОСН Сатурн) der Exekutive des Justizministeriums führt die Bezeichnung „Speznas" sogar auf dem Ärmelabzeichen. Ihre Aufgabe ist in erster Linie der Kampf gegen Schwerkriminalität, die Beendigung von Meutereien in Gefängnissen sowie die Befreiung von Geiseln in Gefängnisgebäuden.

Die Antiterroreinheiten ALFA (Альфа, als Kurzbezeichnung für Группа А – „Gruppa A") und Vympel (Вымпел, offiziell Управление „В" Центра специального назначения ФСБ России – „Büro ‚В' Zentrum zur besonderen Verwendung des russischen FSB") sind Speznas des russischen Inlandsgeheimdienstes FSB. Die erstgenannte „Gruppa ALFA" wurde bereits 1972, nach der Geiselnahme von München während der Olympischen Spiele, gegründet, damals noch unter KGB-Federführung. Hier ging es also in erster Linie um Terrorbekämpfung im Inland.

---

[4] Vgl.: Galeotti 2013, S. 42

Abb. 53: Die Spezialeinheit OSN Saturn (ОСН Сатурн) der Exekutive des Justizministeriums führt die Bezeichnung „Speznas" sogar auf dem Ärmelabzeichen. (Quelle: Vitaly Kuzmin, http://vitalykuzmin.net)

Ausrüstung

Vor dem Hintergrund der Fragestellung, ob es plausibel ist, dass Speznas-Einheiten ballistische Messer verwenden, lohnt ein Blick auf die Ausrüstung dieser Sondereinheiten. Der GRU-Speznas ist Teil der russischen Streitkräfte und verwendet daher in erster Linie auch deren Material. Wie wohl alle Spezialeinheiten weltweit erhalten auch die russischen Soldaten „zur besonderen Verwendung" natürlich nur die besten Stücke, also Neuware und von allem reichlich.

Darüber hinaus verwenden sie jedoch auch zahlreiche Spezialkonstruktionen, die eigens für sie entwickelt und hergestellt wurden und die Angehörige normaler Armeeeinheiten nie zu Gesicht bekommen. Anders natürlich die anderen Speznas-Einheiten, die dem Innenministerium oder dem FSB angehören.[5]

An erster Stelle sind verschiedene schallgedämpfte Waffen zu nennen, wie das bereits erwähnte AS „Val", das 9A-91, das Scharfschützengewehr SVU-A, die Maschinenpistolen PP-91 Kedr, SR2MP und AEK-919K Kashtan oder die ultrageheime PSS-Pistole, die schallarme Munition verschießt.

Abb. 54: Schallgedämpfte Sturmgewehre AS Val und VSS Vintorez. (Quelle: Vitaly Kuzmin, http://vitalykuzmin.net)

---

5 Dept. of the Army 1980, S. 26

Abb. 55: Schallgedämpftes Sturmgewehr 9A-91. (Quelle: Vitaly Kuzmin, http://vitalykuzmin.net)

Abb. 56: Die PSS-Pistole verschießt schallarme Munition im Kaliber 7.62×42 mm (Patrone SP-4). (Quelle: Vitaly Kuzmin, http://vitalykuzmin.net)

Da die Speznas-Einsatzkräfte nicht nur im Infanteriekampf, sondern auch als Fallschirmjäger und zum Teil wohl auch als Kampfschwimmer ausgebildet und eingesetzt werden, sind auch einige spezielle Unterwasserwaffen für sie entwickelt worden.

So das APS Unterwasser-Sturmgewehr (APS = Avtomat Podvodny Spetsialnyy Автомат Подводный Специальный – „Spezial Unterwasser-Sturmgewehr"). Es verschießt eine Pfeilmunition, die das halb- wie auch vollautomatische Schießen über wie auch unter der Wasseroberfläche erlaubt. In den frühen 1970er-Jahren entwickelt, wurde es 1975 bei den sowjetischen Spezialkräften eingeführt. Da herkömmliche Geschosse im Wasser schnell abgebremst werden, verschießt das APS spitze, 12 cm lange Stahlbolzen im Kaliber 5,66 mm. Der Lauf ist nicht gezogen, das Projektil wird vielmehr durch hydrodynamische Effekte stabilisiert. Daher schießt das APS im Unterwasserschuss weitaus präziser und verschleißärmer als über der Wasseroberfläche.

Abb. 57: Das APS Unterwasser-Sturmgewehr. (Quelle: Vitaly Kuzmin, http://vitalykuzmin.net)

Dennoch erweist sich das System als ideal für amphibische Angriffe. Bei der Annäherung können Unterwasserziele effektiv bekämpft werden. Bei Erreichen der Küste sind die Unterwasserwaffen dennoch hinreichend, um die Angreifer so lange zu sichern, bis die mitgeführte herkömmliche Bewaffnung aus wasserdicht versiegelten Containern oder Taschen hervorgeholt wurde. In den 1980er-Jahren folgte die Entwicklung und Einführung des in vielen Punkten verbesserten amphibischen Sturmgewehrs ASM-DT.

Für eine ähnlich aufgebaute Munition im Kaliber 4,5 mm ist die Unterwasser-Pistole SPP-1 ausgelegt: Sind die APS- und ASM-DT-Sturmgewehre eher offensiv ausgelegt, so soll das vierläufige Pepperbox-System mit rotierendem Schlagstück wohl eher defensiven Zwecken dienen. Beide Waffen betraten jedoch absolutes Neuland, denn zuvor hatten Froschmänner unter der Wasseroberfläche lediglich mit Messern, Harpunen oder Sprengmitteln kämpfen können.

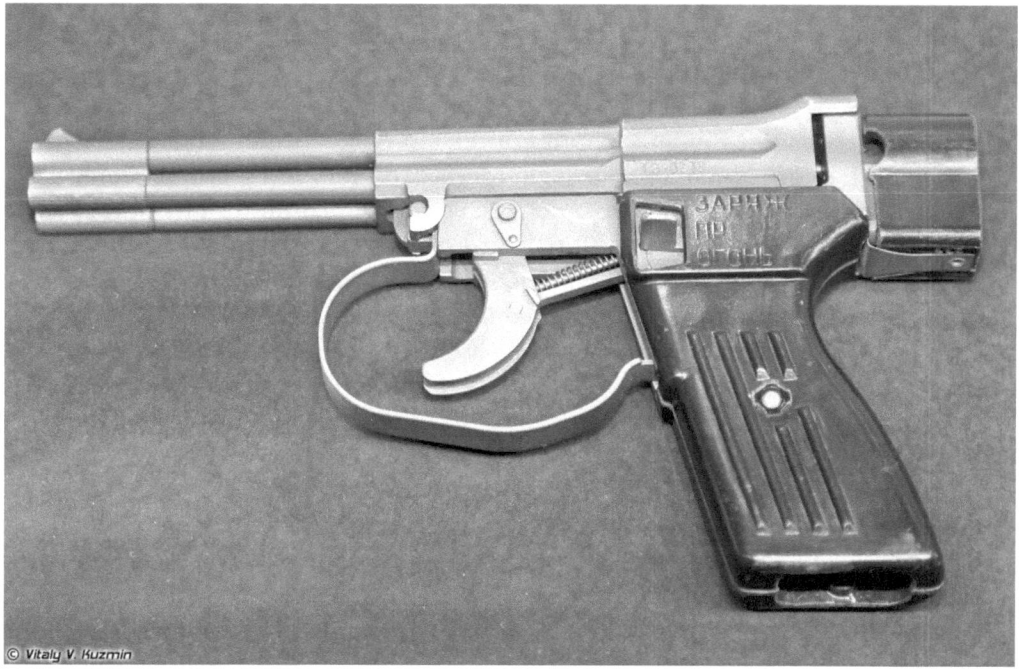

Abb. 58: Die SPP-1 Unterwasser-Pistole. (Quelle: Vitaly Kuzmin, http://vitalykuzmin.net)

Die SPP-1 wurde wahrscheinlich bereits in den späten 1960er-Jahren entwickelt und 1971 bei den sowjetischen Spezialkräften eingeführt. Sie verschießt 11,5 cm lange Stahlpfeile von 4.5 mm Durchmesser.

Dies sollen nur Beispiele für Spezialwaffen sein, die für sowjetische oder später russische Spezialkräfte entwickelt und hergestellt wurden und werden. GRU-Speznas werden für ihre Einsätze hinter feindlichen Linien allerdings auch, wie die entsprechenden westlichen Elitesoldaten, an Fremdwaffen ausgebildet. Denn einerseits sollen sie in der Lage sein, in Feinduniformen zu agieren, andererseits aber auch bei schwierigen Nachschub-Situationen im Feindesland mit jeder vorgefundenen Waffe umgehen können.

Messer

Die GRU-Speznas scheinen zu keinem Zeitpunkt ihres Bestehens mit einem einheitlichen Messer ausgestattet gewesen zu sein. Eher waren und sind, neben den bei der sowjetischen oder später russischen Armee üblichen Blankwaffen, auch viele privat beschaffte Messer in Verwendung. Dies hat jedenfalls ein Studium der mittlerweile zahlreich vorhandenen Bilddokumente, die Speznas-Einsatzkräfte zeigen, ergeben. Wenn Speznas-Soldaten Messer offen am Gürtel oder im Stiefel tragen, handelt es sich stets um unterschiedliche Produkte, teils aus russischer, teils aus westlicher Produktion.

Auf keinem Foto oder Filmausschnitt konnte ein Angehöriger einer russischen Speznas-Einheit mit einem ballistischen Messer identifiziert werden. Auch sind sie nicht im GRAU-Index verzeichnet, sodass sie zumindest nicht offiziell von den Landstreitkräften eingeführt worden sind. Denn diese verzeichnen in dem genannten Index sämtliche Waffen, Munition und Ausrüstungsteile, die sie verwenden. Der Name stammt von der Hauptverwaltung für Raketen und Artillerie des Verteidigungsministeriums (GRAU, russisch ГРАУ = Главное ракетно-артиллерийское управление), die ihn ursprünglich angelegt hat. Die Verwaltungen der Marine und der Luftstreitkräfte verwenden vergleichbare Indizes.

Entweder werden also diese Messer nicht an die russischen Spezialeinheiten ausgegeben, oder aber nur im Geheimen geführt, beispielsweise also unter der Kleidung verborgen oder aber bei Einsätzen in Zivil. Dennoch ist die Vorstellung, dass die hochprofessionellen Speznas-Einsatzkräfte Messer dieser Bauart verwenden, nicht grundsätzlich abwegig. Dies zeigt ein Kampfmesser mit sehr vergleichbaren Eigenschaften, das sogar im GRAU-Index gelistet ist.

Sie sind die einzigen darin verzeichneten Infanteriemesser und finden sich als folgende Einträge:

6П25 - нож разведчика стреляющий НРС
    (6P25 - Nosch Raswedtschika Streljajuschtschii = Messer für Aufklärer, mit Schießvorrichtung NRS)
6П25У - нож разведчика НР
    (6P25U - Nosch Raswedtschika = Messer für Aufklärer NR)

Die „Messer für Aufklärer" NR und NRS

Das „Messer für Aufklärer" NR ist nach dem Vorbild des Feldmessers NR-40 der sowjetischen Armee im Zweiten Weltkrieg gestaltet. Bestand bei letzterem jedoch der Griff aus Holz, weist das NR einen hohlen Kunststoffgriff auf, in den eine wasserdichte Kapsel eingeschoben werden kann. Diese kann der Verwender mit Dingen füllen, die er für wichtig erachtet, also beispielsweise „Survival-Utensilien" wie Medikamente, Streichhölzer oder Angelhaken.

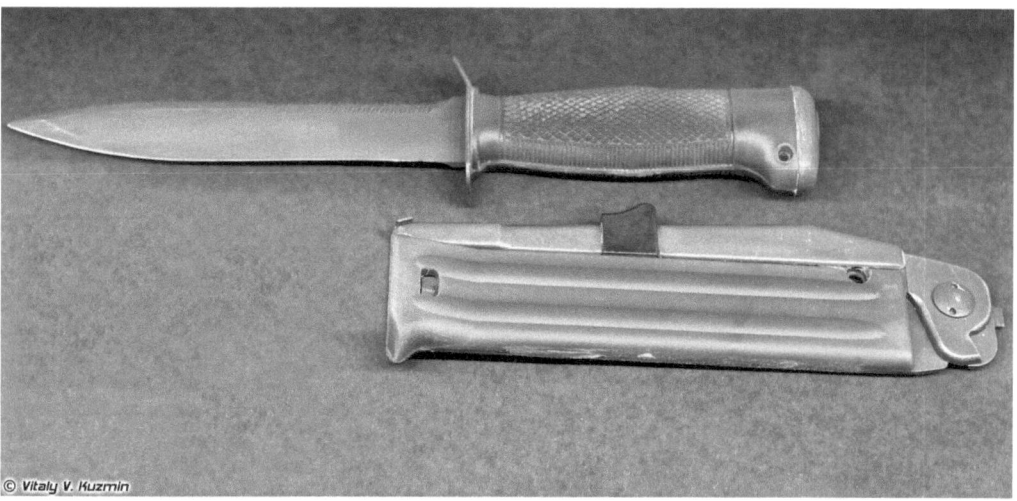

Abb. 59: Ohne Schießvorrichtung: Messer für Aufklärer NR. (Quelle: Vitaly Kuzmin, http://vitalykuzmin.net)

Bei dem äußerlich nur durch einen etwas anders gestalteten Knauf unterscheidbaren NRS enthält der Griff statt der Überlebenskapsel eine Abschussvorrichtung für eine einzelne Patrone im Kaliber 7.62 x 42 mm (SP-3). Diese hat die gleichen Eigenschaften wie die SP-4 Patrone der zuvor vorgestellten schallarmen PSS-Pistole.

Nach dem Lösen eines Sperrhebels kann der Verwender den Lauf aus dem Knauf herausschrauben und mit einer Patrone laden. Ist das Rohr wieder ein-

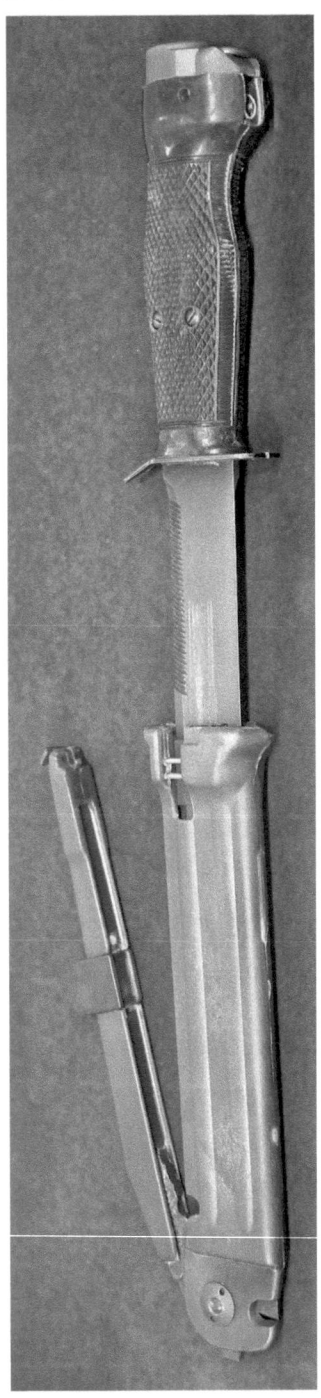

gesetzt und verriegelt, muss der Schütze den Spannhebel an der rechten Griffseite ausklappen und damit den Schlagbolzen spannen. Nun legt er den am Knauf liegenden Sicherungshebel in die „Feuer"-Position und kann, indem er den Spannhebel noch weiter durchdrückt, einen Schuss lösen.

Abb. 60: Das Laufrohr des NRS. Gut zu erkennen ist die Verriegelungswarze des Bajonettverschlusses. (Quelle: Vitaly Kuzmin, http://vitalykuzmin.net)

Rechte Seite: Abb. 61: Nur durch den anders gestalteten Knauf von der „harmloseren" Variante zu unterscheiden: Messer für Aufklärer NRS mit Schießvorrichtung. (Quelle: Vitaly Kuzmin, http://vitalykuzmin.net)

Links: Abb. 62: Nur durch den anders gestalteten Knauf von der „harmloseren" Variante zu unterscheiden: Messer für Aufklärer NRS mit Schießvorrichtung. (Quelle: Vitaly Kuzmin, http://vitalykuzmin.net)

Wegen der fehlenden Visiereinrichtung und des kurzen Laufes liegt die effektive Kampfentfernung der Waffe bei wenigen Metern. Damit ist sie in ihrer Wirksamkeit durchaus mit den ballistischen Messern vergleichbar. Ihr Vorteil liegt darin, dass sie nach dem Abfeuern der Patrone weiterhin als Kampfmesser verwendbar ist, während dem Verwender nach dem Auslösen eines ballistischen Messers nurmehr das leere Griffrohr in der Hand verbleibt.

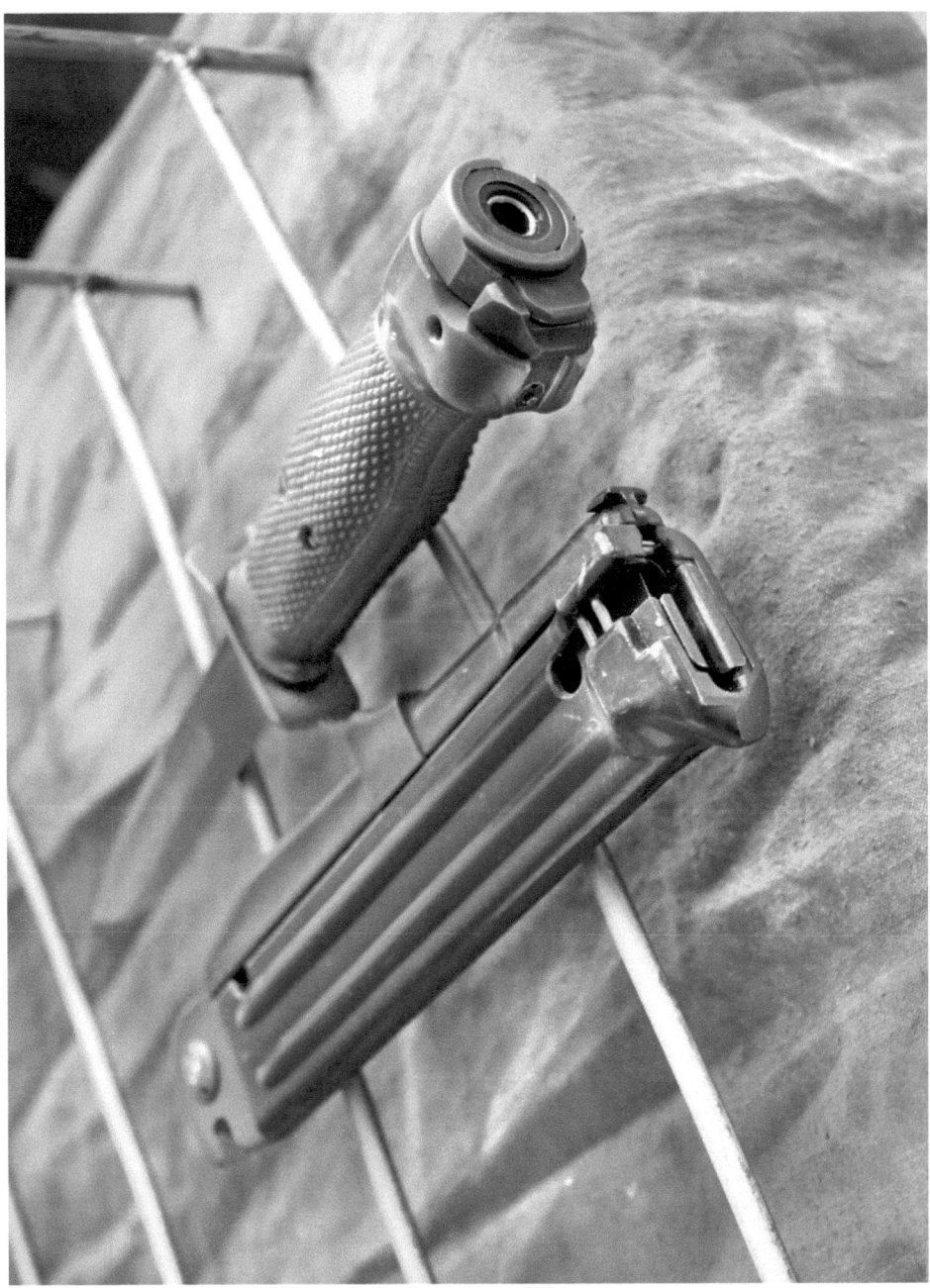

Links: Abb. 63: Am Knauf ist die Laufmündung der Schießvorrichtung des NRS zu sehen. (Quelle: Vitaly Kuzmin, http://vitalykuzmin.net)

Die NR- und NRS-Messer wurden in den 1980er-Jahren in der Waffenfabrik Tula hergestellt. Sie wurden und werden von den Aufklärern der ehemals sowjetischen und heute russischen Armee verwendet – somit auch vom GRU-Speznas.

Zusammenfassend lässt sich sagen, dass eine Verwendung ballistischer Messer durch ehemals sowjetische oder heute russische Spezialeinheiten nicht nachweisbar ist. Im GRAU-Index der Landstreitkräfte werden sie nicht geführt. Die offizielle Einführung des „Messers für Aufklärer" NRS zeigt jedoch, dass die Armeeführung der Vorstellung eines „schießenden Messers" zumindest zeitweise nicht abgeneigt war.

Für den Einsatz ballistischer Messer durch operative Kräfte des Innenministeriums oder der Geheimdienste gibt es ebenfalls keine Hinweise. Dennoch fehlt ebenso der Beweis, dass diese Stellen ballistische Messer nicht verwendet haben.

Abb. 64: Klingenrohlinge und Griffteile aus der Konkursmasse eines westdeutschen Blankwaffenherstellers. Der Auftraggeber für diese Entwicklungsarbeiten ist leider unbekannt.

Ballistische Messer für die Bundeswehr?

Wie gezeigt wurde, ist die Verwendung von ballistischen Messern durch sowjetische oder russische Geheimdienste oder Spezialeinheiten nicht beweisbar. Weder durch Fotos noch durch gerichtsmedizinische Befunde, die Verletzungen oder Tötungen durch ballistische Messer belegen. Umso mehr erstaunt es daher, dass gegen Mitte der 1990er-Jahre auch bundesdeutsche Blankwaffenhersteller begannen, ballistische Messer zu entwickeln. Davon zeugt ein Konvolut von Klingenrohlingen und Griffteilen, aus denen eindeutig ein ballistisches Messer hatte entstehen sollen.

Die Teile werden der Konkursmasse eines Unternehmens zugeschrieben, das in den Jahrzehnten zuvor Zulieferer der Bundeswehr und anderen Behörden gewesen ist. Daher liegt die Vermutung nahe, dass die Neuentwicklung zur Verwendung durch staatliche Stellen vorgesehen war. Oder erfolgte die Entwicklung gar im Auftrag der Bundeswehr oder eines deutschen Geheimdienstes?

Aus den Bauteilen ist ersichtlich, dass der Hersteller jedoch nicht etwa plante, die russischen Entwicklern zugeschriebenen Arbeiten einfach zu kopieren. Die Deutschen wollten vielmehr Reichweite, Zielgenauigkeit und Durchschlagskraft verbessern. Hauptunterschied zu den zuvor gezeigten Entwürfen: Der Antrieb sollte nur noch bei einigen der Entwürfe durch eine Spiralfeder, bei anderen aber durch ein Gasdruckelement erfolgen. Den Einzelteilen aus der Konkursmasse des Schneidwarenherstellers liegt eine Gasdruckfeder der Firma Fibro bei. Daher ist zu vermuten, dass das Element bei den Entwicklungsarbeiten verwendet wurde. Fibro fertigt seine Gasdruck-

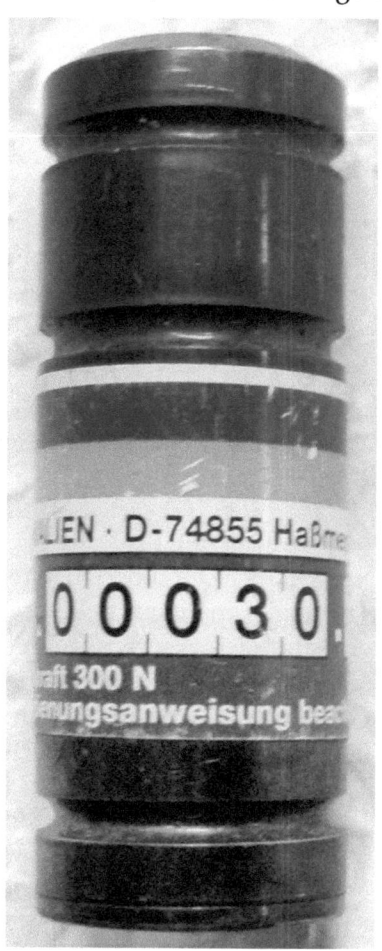

Abb. 65: Diese Gasdruckfeder des Fabrikats Fibro sollte in dem deutschen ballistischen Messer verbaut werden.

Abb. 66: Die vorne aus dem Druckkörper gleitende Schubstange drückt gegen die Stahlscheibe, die am knaufseitigen Ende der Angel angebracht ist.

federn in erster Linie für Werkzeugbauer, die die Elemente zum Umformen, Schneiden oder Lochen einsetzen. Dennoch ist ein solches Element auch als Triebfeder in einem ballistischen Messer geeignet. Gasdruckfedern bestehen aus einem in sich geschlossenen Druckkörper, der mit Stickstoffgas befüllt ist. In diesen Körper taucht eine Kolbenstange ein und komprimiert das darin befindliche Gas. Dieses ist bestrebt, sich wieder auszudehnen und drückt deshalb die Kolbenstange mit einer definierten Kraft wieder heraus.

Über die Menge des eingefüllten Stickstoffgases lässt sich die Federkraft genau regulieren. Drei Halteringeinstiche am Druckkörper ermöglichen eine Befestigung mit Federringen im Griffstück. Mithilfe der Gewindebohrung M5 x 5,5 im Federboden wäre auch eine Verschraubung am Knauf möglich. An dem vorliegenden Element kann eine Kraft von maximal 300 N eingestellt werden. Im Vergleich zu den an der Spiralfeder des Typs 1 gemessenen 55 N bedeutet dies eine annähernde Versechsfachung. Doch beließen es die Entwickler nicht allein bei einer stärkeren Feder. Sie versuchten offenbar auch den Flug der Klinge stabilisie-

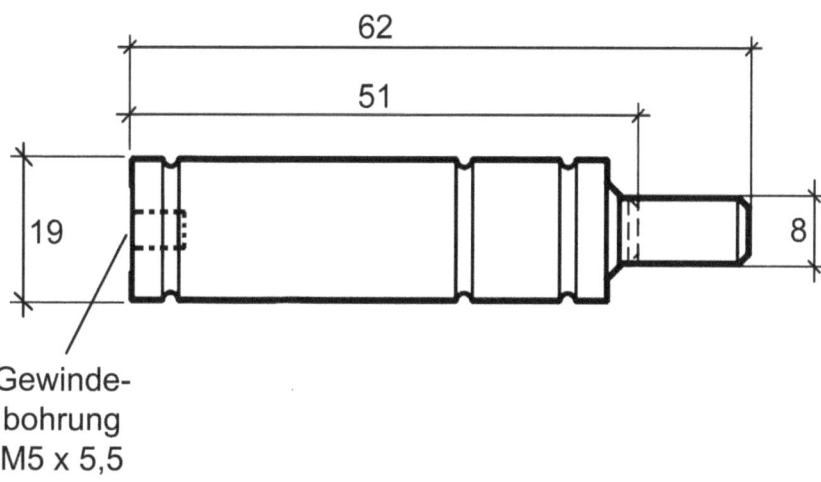

Abb. 67: Die Abmessungen des Gasdruckelements.

ren, was sie durch verschiedene Maßnahmen erreichen wollten. So verlängerten sie das sich im Griffrohr bewegende Gleitstück der Klinge, um die Klinge beim Abschuss so lange wie möglich zu führen. Diese Verbesserung war schon an Typ 2 zu beobachten, jedoch dort durch ein röhrenförmiges Gleitstück erfolgt.

Gleitstück in Skelettform
Die erhaltenen Einzelteile lassen sich zwei unterschiedlichen Konstruktionen zuordnen: Bei dem mutmaßlich ersten Entwurf endet die Angel in zwei Stegen. Rechtwinklig dazu ist ein Element mit zwei weiteren Stegen aufgeschoben. Diese insgesamt vier Stege sind knaufseitig in eine runde Stahlscheibe eingezapft. Diese Lösung dürfte im Vergleich zu dem röhrenförmigen Gleitstück der Typen 2 für eine Gewichtsersparnis gesorgt haben, die das Projektil insgesamt klingenlastiger gemacht hat.

Dies scheint sich nicht ausnahmslos positiv auf die Flugeigenschaften ausgewirkt zu haben, denn einer der Klingenrohlinge weist eine Aussparung in der Klinge auf, die diesen Effekt wahrscheinlich wieder ausgleichen sollte. Möglicherweise hat das aus Stegen bestehende Gleitstück auch in aerodynamischer Hinsicht Probleme bereitet. Denn von dieser Variante sind nur Teilesätze für insgesamt vier Exemplare erhalten.

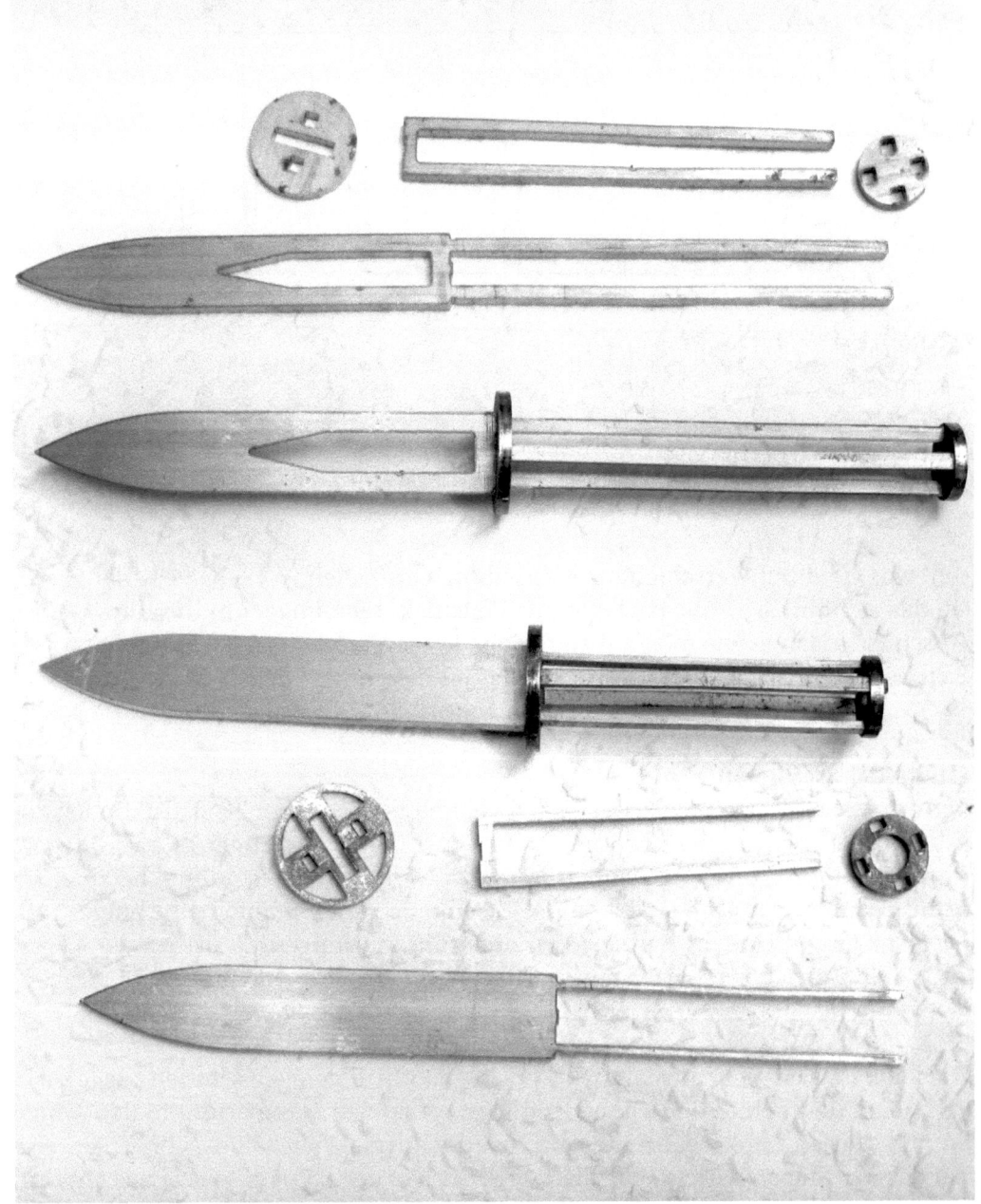

Abb. 68: Vier Teilesätze waren für Exemplare vorgesehen, deren Gleitstück in Skelettform ausgelegt sein sollte. Es fällt auf, dass die Stege unterschiedliche Längen und Querschnitte aufweisen.

Ballistische Messer für die Bundeswehr?

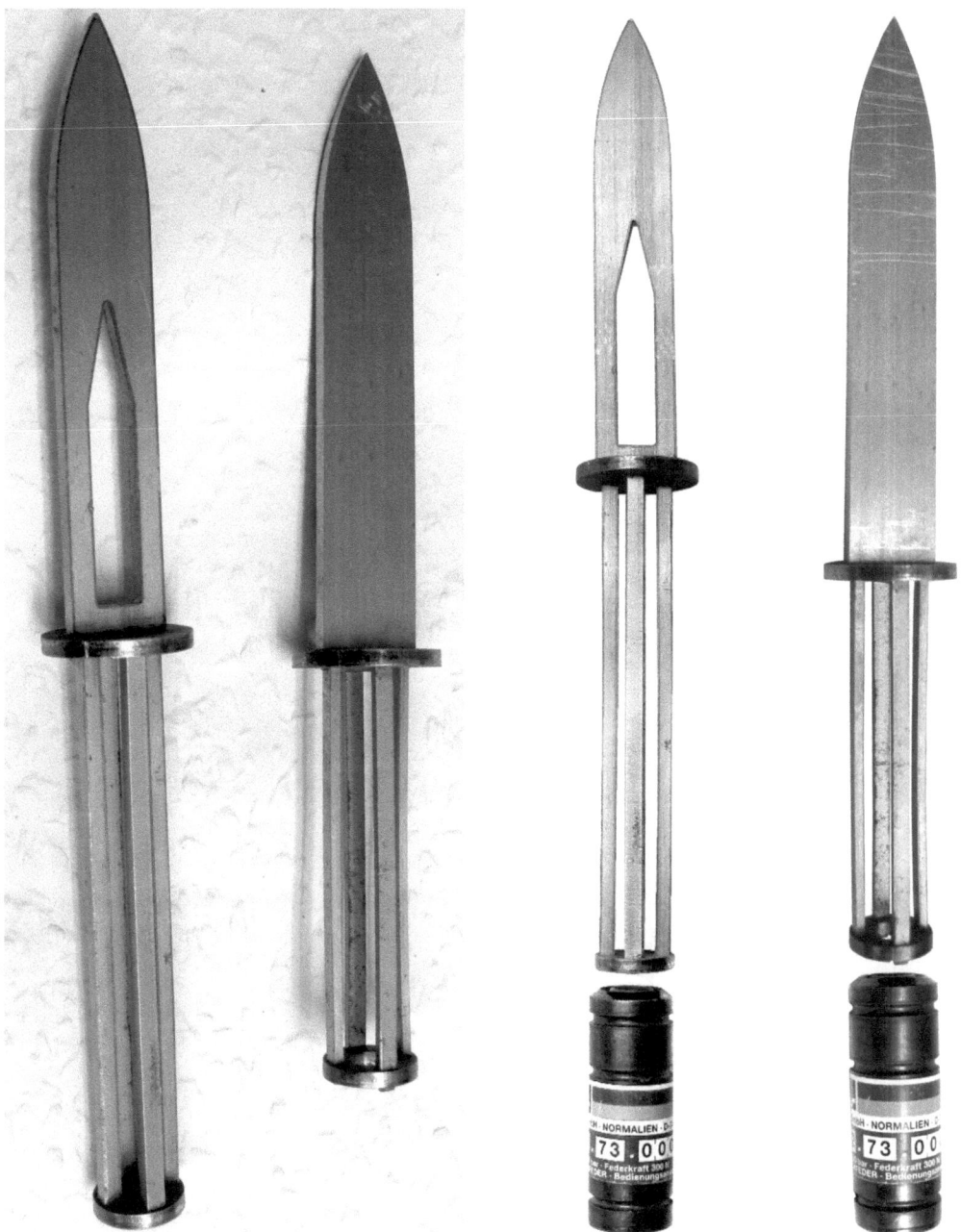

Abb. 69, 70 und 71: Die Angeln der Klingenrohlinge sind unterschiedlich lang. Besonders bei der längeren Variante hätte das Messer bei eingesetzter Gasfeder wohl eher wie ein kurzer Speer ausgesehen. Doch auch mit der kürzeren Angel wäre das Messer recht unhandlich geworden.

Ballistische Messer

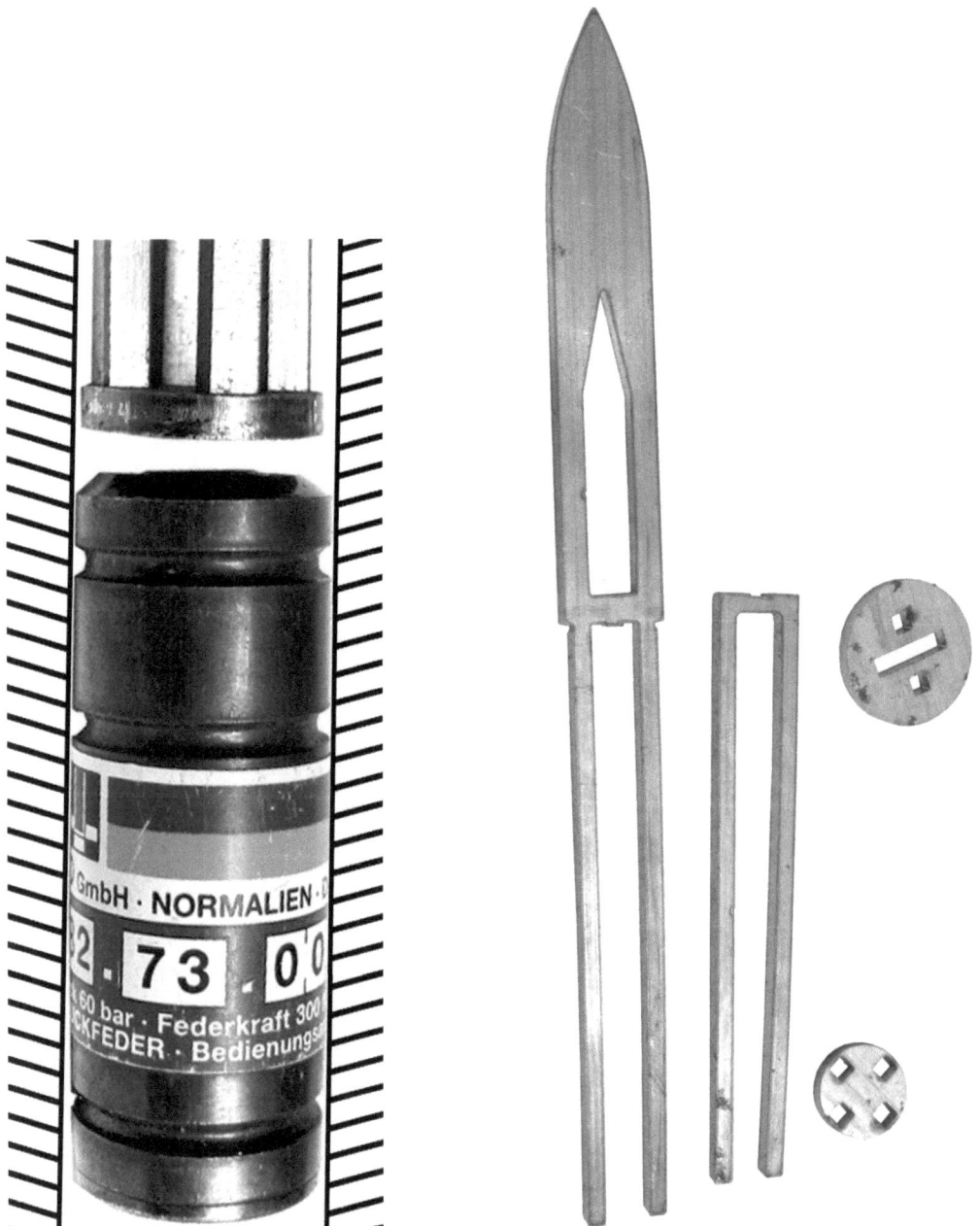

Abb. 72 und 73: Der Durchmesser des Gasdruckelements ist größer als der der Abschlussplatte der Angel. In der Serienfertigung hätte die aufwendige Gestaltung des Griffstücks für deutlich höhere Stückkosten gesorgt.

Abb. 74: Die kreuzförmige Angel ist sauber in das Parierelement eingepasst.

Gleitstück mit Pfeilflügeln

Mit einem anderen Konzept scheinen sich die Konstrukteure weitaus intensiver befasst zu haben, denn von diesem liegen neun zum Teil sehr unterschiedliche Varianten vor: An diesen Modellen ist senkrecht zur Angel eine metallene Feder eingeschoben, die einerseits zur Führung im Griffstück diente, andererseits aber dem Gleitstück die Form einer Pfeilfeder verlieh.

Dies ist auf unterschiedliche Weise gelöst. Bei einigen Stücken endet die Klinge in einer Kurzangel, an die ein Stahlblech als waagerechte Pfeilfeder geschweißt ist. Auf dieses wiederum ist die senkrechte Blechfeder aufgeschoben und gepunktet. Diese Klingen haben eine gerade symmetrische Form und sind mit einer Aussparung zur Gewichtsreduktion ausgestattet. Andere Klingen aus dieser Serie weisen eine schmale Flachangel über die gesamte (vermutete) Grifflänge auf. Bei ihnen sind nur am Ende kurze Pfeilfedern aus Stahlblech angeschweißt. Diese Klingen haben eine ungewöhnliche Form, die mit ihrer starken Verjüngung zur Klingenwurzel hin an eine Lanzenspitze wie vom römischen Pilum her bekannt, erinnert.

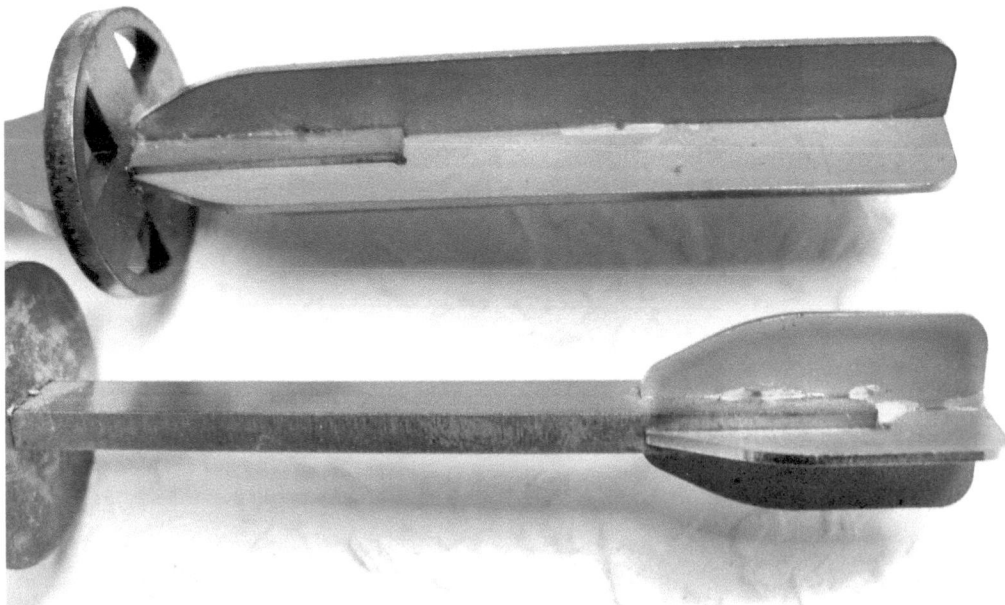

Abb. 75: Diese zwei Haupttypen sind bei der befiederten Variante zu unterscheiden: Kurzangel mit langen Stahlblechfedern und schmale Flachangel mit kurzen Federn.

Zur geflügelten Angel sind auch mehrere Parierelemente mit integrierter Auslösevorrichtung erhalten. Diese sind kreuzförmig geschlitzt, um die durch die Pfeilfedern kreuzförmige Angel aufzunehmen.

Auch an den Klingen selbst ist ein kreisrunder Handschutz angebracht, dessen Sinn sich zunächst nicht erschließt. Schließlich dürfte er die Aerodynamik des Flugkörpers deutlich veschlechtern. Möglicherweise hatten Schießversuche ergeben, dass ein Ballast am Schwerpunkt des Klingenkörpers die Flugeigenschaften verbessert. Die Untersuchung der vorliegenden Einzelteile lässt eine Frage offen:

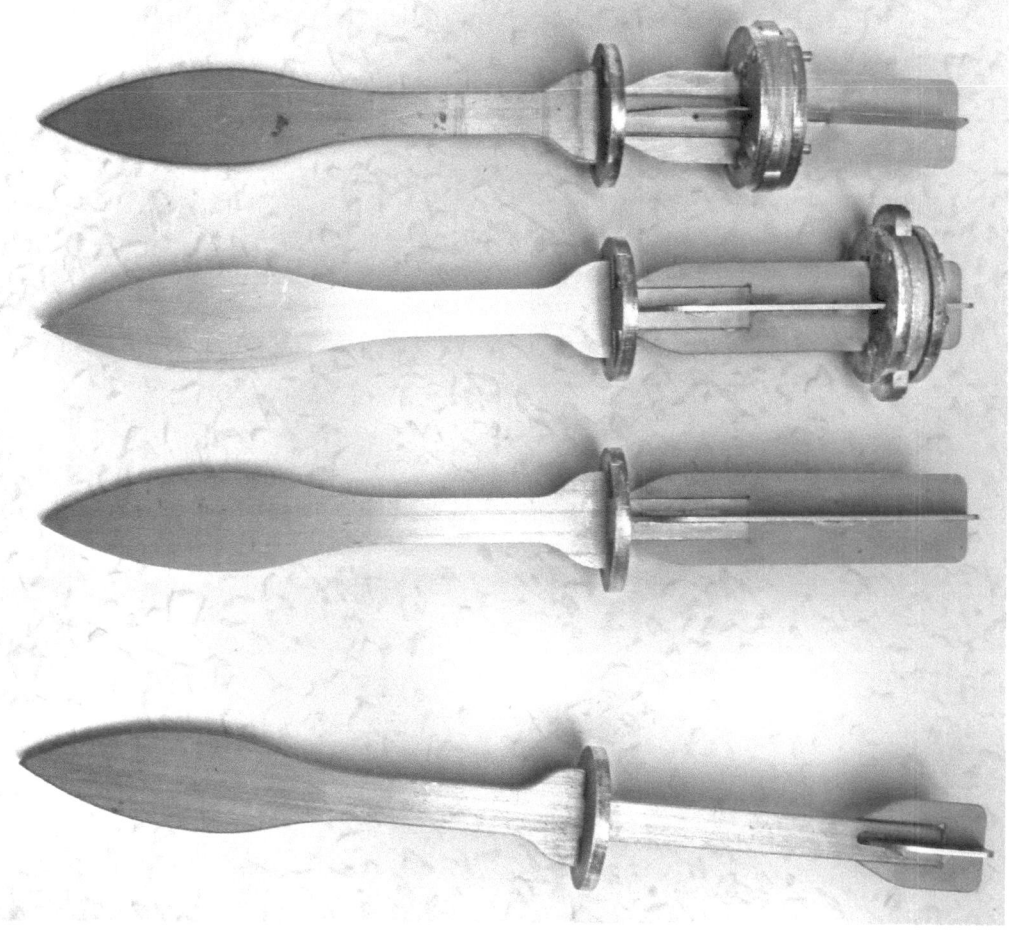

Abb. 76: Diese Klingenrohlinge weisen die Form einer Speerspitze, ähnlich der des römischen Pilums, auf.

Wo sollte bei Angeln, die die Länge eines normal gestalteten Griffstücks aufwiesen, die Gasfeder Platz finden? Sollte der Griff ungewöhnlich lang gestaltet sein? Galten die Entwicklungsarbeiten möglicherweise nicht einem ballistischen Messer, sondern einem ballistischen Speer? Vielleicht für den Unterwasserkampf?

Ebenso sind auch die Gründe unbekannt, die dazu führten, dass das Projekt noch vor der Fertigstellung der ersten Prototypen eingestellt wurde. Vielleicht waren es wirtschaftliche Schwierigkeiten, mit denen das Unternehmen in diesen Jahren nach dem Ende des Kalten Krieges zu kämpfen hatte. Falls in dieser Zeit militärische Aufträge wegbrachen, könnte dies durchaus die Entscheidung beeinflusst haben, die Entwicklung eines solch hochspezialisierten Messers für Spezialkräfte zu unterlassen.

Abb. 77: Die Passungen der eingeschobenen Federelemente sind sehr exakt ausgeführt.

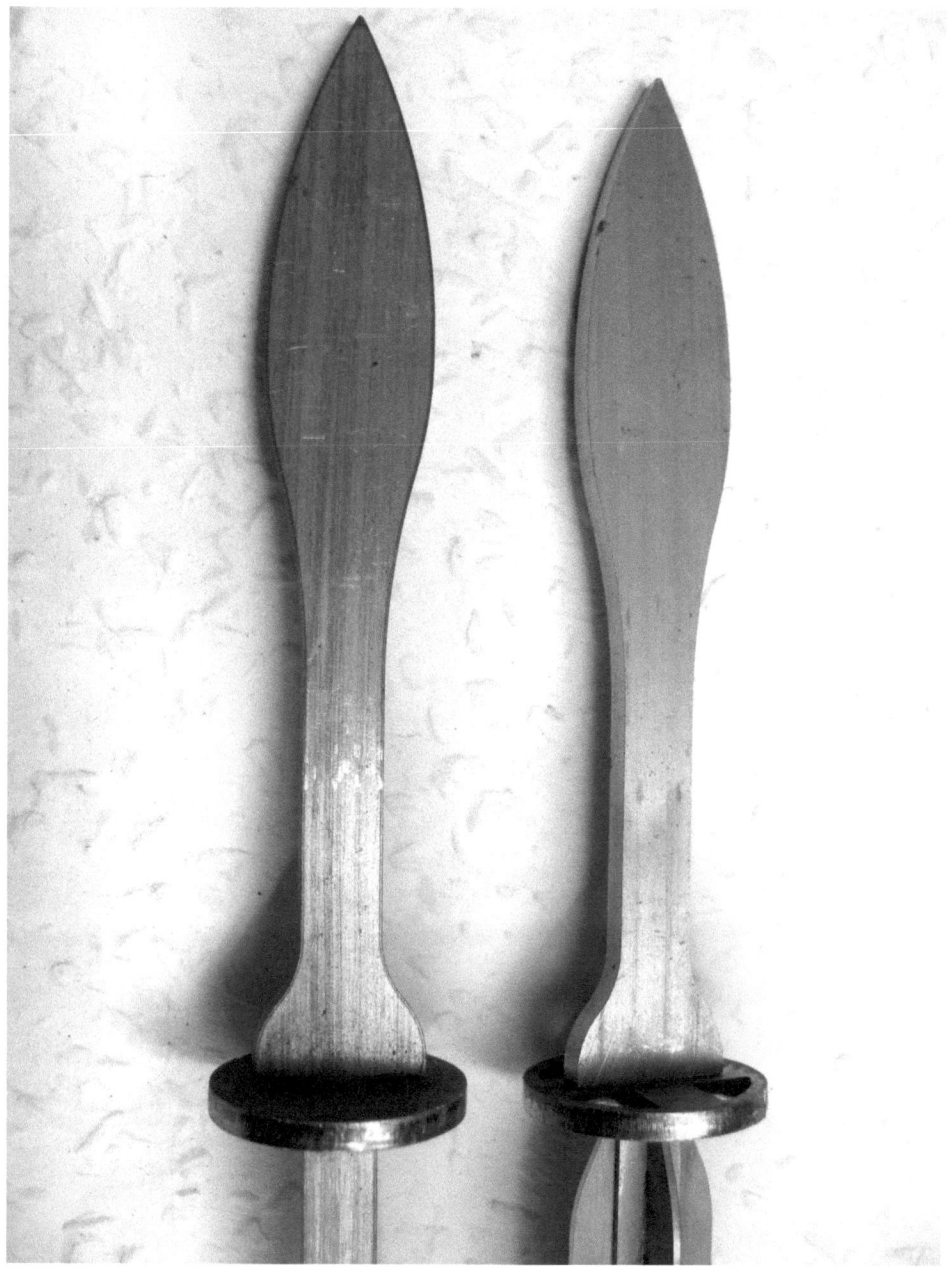

Abb. 78: Auch für diesen Klingentyp sind Parierelemente vorhanden, sowohl aus massivem Flachmaterial, als auch mit Ventilationsöffnungen. Diese sollten wahrscheinlich den Luftwiderstand verringern.

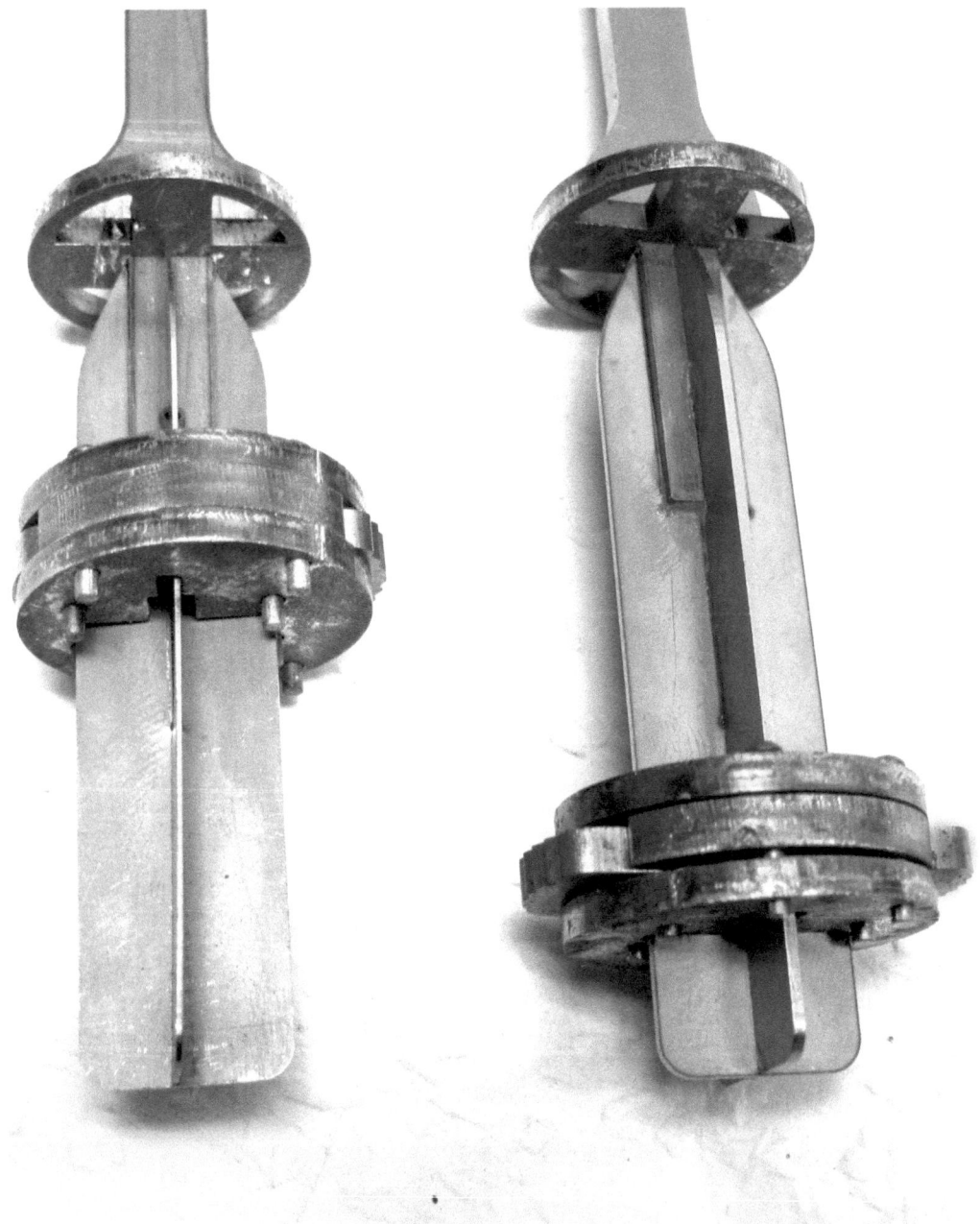

Abb. 79: Zu dieser Variante sind mehrere Verschlussstücke erhalten. Ihre sehr massive Ausführung zeugt von dem hohen Druck, mit dem die Gasfederelemente auf den Auslösemechanismus einwirken.

Abb. 80: Die Verschlussstücke bestehen aus drei massiven Stahlplatten, die miteinander vernietet sind. An diesem Exemplar ist die Verbindung noch nicht formschlüssig ausgeführt.

Abb. 81: Die Rundköpfe der Nieten verhindern das Aufliegen des Parierelements am Griff. Hier hätte man am Serienmodell sicher auf eine andere Lösung zurückgegriffen.

Abb. 82: In zerlegtem Zustand zeigt sich, dass einige der Nieten zugleich als Führungsstifte für den Auslöser gedient hätten.

Abb. 83: Die grobe Riffelung des Auslöseknopfes bietet auch nassen oder kalten Fingern eine sichere Grifffläche.

Abb. 84: Für den Absatz, den der Erl in der Pfeilfeder bildet, musste die Nut des Verschlusses zur Mitte hin etwas breiter ausgelegt werden.

Die Wirksamkeit ballistischer Messer als Waffe

Wie bisher gezeigt wurde, wird ballistischen Messern eine hohe Kampftauglichkeit zugeschrieben. Geheimnisvolle sowjetische und russische Spezialeinheiten sollen sie verwendet haben und verwenden – nur zufällig oder auf dunklen Kanälen sollen die ersten Exemplare in den Westen gelangt sein. Und nicht zuletzt sind ballistische Messer einige Jahre nach ihrem Erscheinen auf westlichen Sammlermärkten auch in vielen Ländern verboten worden – ein weiteres Indiz für ihre Gefährlichkeit.

Doch wie gut eignen sich ballistische Messer wirklich als Waffe? Auf welche Entfernungen können sie Treffer mit Mannstoppwirkung erzielen? Und wie zielgenau sind sie? Um diese Frage zu klären, wurden Schießversuche auf Holzziele durchgeführt. Freundlicherweise stellte der Besitzer der in diesem Buch vorgestellten Typen 1 und 2 seine Stücke dafür zur Verfügung. An den ausführlichen Tests nahm auch ein Major einer westeuropäischen Spezialeinheit als Fachexperte teil. Der als Ausbilder tätige Offizier legte die Testbedingungen fest und bewertete anschließend die Ergebnisse.

Erprobung der Typen 1 und 2
Ziel der Schießversuche war, die Praxistauglichkeit der vorliegenden ballistischen Messer zu prüfen. Dazu sollte die Durchschlagskraft in Abhängigkeit zur Entfernung ermittelt werden. Weitere Aspekte waren die Zielgenauigkeit und mögliche Einsatzszenarien im Nahkampf. Als Beschussmaterial wurden Zielscheiben aus trockenem Tannenholz angefertigt.

Als erstes Exemplar wurde der in diesem Buch auf den Seiten 20 bis 25 vorgestellte Typ 1 probegeschossen. Auf Entfernungen unter 1,5 Metern traf die Klinge immer mit der Spitze auf das Ziel auf. Sie drang zwischen 11 und 17 mm tief in das Holz ein und blieb darin stecken. Auf Entfernungen über 2 Metern geriet die Klinge offensichtlich ins Taumeln und traf in den meisten Fällen mit der Flach- oder Rückseite auf das Ziel auf. Traf sie mit der Spitze zuerst auf, hinterließ sie nur minimale Kratzer auf der Holzoberfläche und blieb nicht stecken.

Auch die in diesem Buch auf den Seiten 27 bis 52 vorgestellten Exemplare des Typs 2 erzielten unter 1,5 Metern Entfernung immer Stecktreffer von rund 20 mm Eindringtiefe. Im Entfernungsbereich 1,5 bis 2,5 Meter erzielten die Klingen teilweise Stecktreffer bis etwa 14 mm Eindringtiefe. Jedoch gerieten hier die Klingen offensichtlich bereits wieder ins Taumeln, was sich an einer Reihe von Treffern mit der Flach- und Rückseite zeigte. Auf mehr als 2,5 Meter Entfernung konnten wieder keine Stecktreffer mehr erzielt werden.

Die Totschläger hinterließen auf Entfernungen unter 1 Meter deutliche Druckstellen auf der Holzoberfläche. War die Schussentfernung größer, so geriet auch hier das Projektil offensichtlich ins Taumeln, weshalb dann keine verwertbaren Ergebnisse mehr erzielt werden konnten.

Der Wurfanker erreichte beim Abschuss senkrecht nach oben eine Höhe von etwa 10 Metern. Eine an einem Wurfarm befestigte Angelschnur verringerte die maximal erreichbaren Höhen nur geringfügig, vorausgesetzt, sie wurde zuvor in lockeren Windungen auf dem Boden ausgelegt, sodass sie der Aufwärtsbewegung des Projektils nur minimalen Widerstand entgegensetzte.

Der bei den Erprobungen anwesende Offizier beurteilte die Ergebnisse der Schussversuche folgendermaßen:
In Anbetracht der geringen Entfernungen, auf die mit den vorliegenden Messern ein wirksamer Treffer erzielt werden kann, kann es bei der Konzeption der ballistischen Messer lediglich darum gegangen sein, den Einsatzkräften im Ernstfall einen Sekundenvorteil zu verschaffen. Nach Ansicht des erfahrenen Nahkampfausbilders waren die Klingen für die letzten Sekunden vor dem direkten Körperkontakt gedacht. Er betonte, dass Zweikämpfe zu 75 Prozent in der Umklammerung am Boden enden und durch Abwürgen der Luftzufuhr entschieden werden. Blutverluste durch zuvor erfolgte Stichverletzungen sind eher zweitrangig und unterstützen lediglich dabei, die Kräfte des Gegners schneller zu brechen. Somit kann der Vorteil eines ersten Stichs durchaus entscheidend sein, wenn er auf sehr kurze Distanz den Gegner schwächt. Agenten in Zivil hätten so die Möglichkeit, so spät wie möglich offensiv vorzugehen und so lange wie möglich passiv zu bleiben. Jedoch, so das Fazit des Offiziers, ist das Messer aus Sicht einer Verwendung durch Spezialeinheiten wenig brauchbar. Die Totschläger sind nach Aussage des Experten im militärischen Nahkampf nicht einsetzbar. Zwar wären die Federn wohl stark genug, um auf kurze Distanz bei einem Kopftreffer eine kurze Benommenheit oder gar Ohnmacht zu erzielen, jedoch ist es in der Praxis nicht vorstellbar, den Kopf als ein bewegtes Ziel zuverlässig zu treffen.

Der Wurfanker ist aus Sicht der Spezialeinheiten, wie bereits zuvor beschrieben, durchaus zum Platzieren einer HF Drahtantenne tauglich. Als Kletterhilfe ist er jedoch nicht einsetzbar.

Diese eher ernüchternden Ergebnisse decken sich mit denen einer rechtsmedizinischen Untersuchung der Eigenschaften eines ballistischen Messers des Typs 1, die im Jahr 1999 als Folge eines tödlichen Unfalls angestellt wurden.[1]

Unfall bei Flohmarktbesuch
Anlass der Forschungen war ein tödlicher Unfall, der sich mit einem ballistischen Messer ereignet hatte. Ein 52-jähriger Mann hatte einen Flohmarkt besucht und war vor einem Stand, an dem verschiedene Messer zum Kauf angeboten wurden, plötzlich zusammengebrochen. Herbeieilende Passanten stellten fest, dass im rechten Auge des Mannes eine Messerklinge steckte – den Griff allerdings hielt er noch in der Hand. Beim Eintreffen der Rettungssanitäter war das Opfer bereits tot. Es stellte sich heraus, dass der Flohmarktbesucher vor dem Unfall ein Messer von bislang unbekannter Konstruktion angeschaut und untersucht hatte. Während er die Klingenspitze auf sein Gesicht gerichtet hatte, muss er versehentlich einen Schießmechanismus ausgelöst haben. Bei der Obduktion ergab sich, dass die Klinge das rechte Auge durchschlagen, die dahinter liegende Schädeldecke durchdrungen hatte und im Gehirn steckengeblieben war. Die Gesamteindringtiefe betrug 5 cm.

Das Messer beschreibt der Bericht folgendermaßen: „Der Messergriff enthält eine zusammengedrückte Feder. Wenn der Auslöser betätigt wird, kann die Feder die Klinge beschleunigen. Die Klinge ist beidseitig geschliffen wie die eines Dolches. Sie hat eine Länge von 107 mm und wiegt 45,7 g. Die zusammengedrückte Feder im Griff hat eine Kraft von 55 Newton. Die Herkunft der Waffe ist unbekannt, aber vergleichbare Konstruktionen sind in mehreren Ländern aufgetaucht. Es wird angenommen, dass einige davon für Spezialeinheiten verschiedener Streitkräfte hergestellt wurden."

Da noch keine Erfahrungswerte über Verletzungen durch solche ballistischen Messer vorlagen, sahen sich die beteiligten Rechtsmediziner in der Pflicht, zu überprüfen, ob der beschriebene Unfallhergang wirklich im Bereich des Möglichen lag. Anderenfalls hätte die Gefahr bestanden, dass in diesem Fall eine Straftat vertuscht werden sollte.

---
1 Vgl.: Hirt, Karger 1999, S. 313f

So unterzogen sie die Waffe zunächst einmal einer Laboruntersuchung. Diese ergab, dass die Anfangsgeschwindigkeit (v_1 = „Mündungsgeschwindigkeit") der Klinge bei 15 m/s lag. Zum Vergleich: Die recht „langsame" Großkaliberpatrone .45 ACP weist eine Mündungsgeschwindigkeit von 220–350 m/s auf.

Um die Art der Wunden untersuchen zu können, die Messer dieser Bauart erzeugen, führten die Rechtsmediziner zahlreiche Schussversuche durch, für die sie als Ziel einen frischen Schweinekadaver wählten. Sie entschieden sich für diese Tierart, weil die recht dicke Haut von Schweinen in ihrer Widerstandsfähigkeit in etwa der von Menschen, geschützt durch mehrere Lagen Kleidung, entspricht. Die Schüsse wurden aus Entfernungen zwischen 30 cm und 2,5 m durchgeführt. Die Trefferflächen lagen im Bauchraum, am Brustkorb, der Stirn und den Hinterbeinen des Tierkörpers,

Ernüchternde Ergebnisse
Die Ergebnisse lassen eine Verwendung dieses Messertyps durch Spezialeinheiten mehr als fraglich erscheinen: Bis zu einer Entfernung von 1 m drang die Klinge bei jedem Schuss zwischen 5 cm und 10 cm tief in den Körper ein. Auch dünne Knochenpartien wie hinter der Augenhöhle oder im Bereich der Nasennebenhöhlen wurden zuverlässig durchschlagen. Bei Entfernungen über 1 m begann die Klinge im Flug zu taumeln, wodurch sie meist nicht mehr mit der Spitze zuerst oder nur in sehr flachem Winkel auf das Ziel traf. Die Folge waren lediglich oberflächliche Verletzungen ohne oder mit nur geringer Stoppwirkung. Die maximale Reichweite der Klinge lag bei etwa 30 m.

Zur Verdeutlichung seien hier die Ergebnisse einiger der Beschussversuche aufgeführt:

Trefferfläche	Schussentfernung	Eindringtiefe
Bauch	30 cm	7 cm
Bauch	30 cm	7,5 cm
Bauch	30 cm	8 cm
Bauch	150 cm	oberflächliche Hautverletzung
Bauch	180 cm	0 cm
Bauch	253 cm	0 cm
Brustkorb	30 cm	10 cm
Brustkorb	30 cm	10 cm
Brustkorb	30 cm	10 cm
Brustkorb	50 cm	10 cm
Brustkorb	100 cm	10 cm
Brustkorb	100 cm	8,5 cm
Brustkorb	150 cm	oberflächliche Hautverletzung
Stirn	30 cm	3,5 cm
Stirn	40 cm	3,5 cm
Hinterbein	75 cm	5 cm
Hinterbein	75 cm	5 cm
Hinterbein	75 cm	5 cm
Hinterbein	75 cm	5 cm

Das Ergebnis der rechtsmedizinischen Studie lässt sich dahingehend zusammenfassen, dass ballistische Messer durchaus ein hohes Gefährdungspotenzial aufweisen. Auf kurze Entfernungen können sie schwere und auch tödliche Verletzungen verursachen. Doch gilt dies in erster Linie für die Anwendung auf kurze Entfernungen unter 1 m, also kaum über Armeslänge. Diese Distanz wäre durch einen manuell ausgeführten Stich, vielleicht verbunden mit einem Ausfallschritt nach vorne, spielend zu überbrücken.

Dennoch sprechen sich die Autoren des Fachartikels für ein Verbot derartiger Messer aus. Gründe für ihre Meinung führen sie nicht explizit an, jedoch hat der von ihnen beschriebene Unfall zu Genüge gezeigt, dass allein schon ein großes Unfallrisiko von diesen Messern ausgeht. Darüber hinaus haben die Schießversuche ergeben, dass ballistische Messer in einem offenen Kampf durch ihre kurze Wirkungsdistanz kaum Vorteile bieten. Lediglich Attentate und heimtückische Morde sind nach Darstellung des Fachartikels Szenarien, in denen die erfolgreiche Anwendung ballistischer Messer vorstellbar ist.

Der Kampfwert „fliegender Messer"
Die schlechten Ergebnisse, die die ballistischen Messer bei den Schießversuchen erzielt haben, machen deutlich, warum bislang nahezu keine Tötungsdelikte oder Körperverletzungen durch solche Waffen aktenkundig geworden sind. Denn der Kampfwert zumindest der getesteten Exemplare scheint eher gering zu sein.

Wäre es jedoch möglich, dass Modelle mit stärkerer Feder, also beispielsweise der deutsche Prototyp mit Gasdruckelement, bessere Ergebnisse erzielt hätten? Besonders bei letzterem, der mit 300 N eine fast sechsmal stärkere Feder als der Typ 1 besitzt, wären größere wirksame Reichweiten zumindest vorstellbar. Auch kommt es in fiktionalen Kriminalgeschichten in Buch und Film vergleichsweise häufig vor, dass Menschen durch geworfene Messer zu Tode kommen oder zumindest so schwer verletzt werden, dass sie nicht weiterkämpfen können. Doch wieder deckt sich diese Darstellung nicht mit den Erfahrungen der Rechtsmediziner weltweit, denn diese haben wiederum mit solchen Fällen nur extrem selten zu tun. Dazu lohnt ein näherer Blick auf die physikalischen Eigenschaften von „fliegenden Messern".

Mannstoppwirkung

Eine der wichtigsten Wirkungen, die man mit einer Waffe erzielen kann, ist die Mannstoppwirkung. Das meint die Fähigkeit, einen Angreifer an seinen intendierten Handlungen zu hindern. Einige Waffen, wie beispielsweise Pfefferspray, erreichen dieses Ziel dadurch, dass sie beim Gegner Schmerzen erzeugen und ihn in seiner Sehfähigkeit beeinträchtigen. Andere, wie beispielsweise Schwerter, fügen dem Gegner ausreichende physische Schäden zu und erreichen damit das gleiche Ziel. Schusswaffen stoppen den Gegner zum Teil durch die Verletzungen, die sie erzeugen. Zugleich entfalten allerdings Modelle größeren Kalibers auch durch die hohe Energieabgabe des Geschosses im getroffenen Körper eine nicht unerhebliche Stoppwirkung.[2]

Mit einem geworfenen Messer ist es im Vergleich dazu nur möglich, dem Gegner eine einzelne Stichverletzung zuzufügen. Eine solche reicht nur in wenigen Fällen aus, um einen Gegner sofort kampfunfähig zu machen – das belegen die Erfahrungen der Rechtsmedizin.[3] Aus deren Sicht muss die Klinge, soll ein einzelner Stich einen Gegner zuverlässig stoppen, in das Gehirn, das Herz, das Rückenmark oder die Halsschlagader des Gegners eindringen. Als minimal wirksame Eindringtiefe werden allgemein 10 cm genannt.[4] Doch warum soll sich dieses Ziel mit einem ballistischen Messer von geeigneter Konstruktion nicht erreichen lassen? Im Fall des getöteten Flohmarktbesuchers trafen doch einige der genannten Parameter zu: Der Treffer lag im Auge des Opfers und die Klinge hatte das Gehirn erreicht. Als Folge war das Opfer sofort kampfunfähig, obwohl die Eindringtiefe bei nur rund 5 cm gelegen hatte.

Physikalische Untersuchungen zeigen, dass solche Treffer mit ballistischen Messern nicht auch nur annähernd zuverlässig zu erzielen sind. Denn dazu fehlt es der fliegenden Klinge an Masse, Geschwindigkeit und Genauigkeit.

Um ein Messer durch Haut, Muskeln und Knochen zu stechen, ist eine recht große Kraft erforderlich. Diese Kraft kann im Fall eines durch die Luft fliegenden Messers nur durch dessen Masse und seine Geschwindigkeit erzeugt werden. Messer sind aber relativ leicht, die Klinge des ballistischen Messers des Typs 1 wiegt beispielsweise nur 45,7 g. Ein Mensch, der mit einem Messer im Nahkampf zusticht, setzt zu der geringen Masse seiner Waffe sein eigenes Körpergewicht hinzu. Bei einem geworfenen Messer fehlt diese zusätzliche Masse, es kann nur mit der eigenen Masse auf das Ziel einwirken. Deshalb wird bei gleicher Ge-

---
2 Vgl.: Kneubuehl et al. 2008, S. 236ff
3 Vgl.: Letz 2014, S. 17
4 Vgl.: Muggenthaler et al. 2013, S. 47f

schwindigkeit des Messers die Eindringtiefe bei einem Wurf immer weitaus geringer sein als bei einem Stich. Also muss die Geschwindigkeit eines fliegenden Messers entsprechend groß sein. Schließlich sind die Geschosse von Handfeuerwaffen noch leichter als Messer und weisen doch zum Teil große Mannstoppwirkung auf. Diese erreichen sie durch ihre hohe Geschwindigkeit. So liegt die Mündungsgeschwindigkeit der bei Militär und Polizei beliebten 9 mm Parabellum Patrone je nach Laborierung bei rund 400 m/s. Selbst die bereits genannte recht langsame .45 ACP weist immer noch rund 260 m/s auf.

Zum Vergleich: Ein geworfenes Messer wird, selbst aus der Hand eines geübten Werfers, nie schneller als etwa 50 m/s sein. Die gerichtsmedizinische Untersuchung des tödlichen Unfalls mit dem ballistischen Messers des Typs 1 hatte eine Anfangsgeschwindigkeit von lediglich 15 m/s ergeben! Hier erweisen sich der kurze Beschleunigungsweg und die konstruktionsbedingt sehr geringen Abmessungen der Feder als grundsätzliche Nachteile. Andere Distanzwaffen, wie beispielsweise Bögen, verwenden die gespeicherte Energie der weit ausladenden Bogenarme. Schusswaffen beschleunigen ihre Geschosse mithilfe der chemischen Energie, die im Schießpulver gespeichert ist. Ein Wurfmesser dagegen wird ausschließlich die Geschwindigkeit erreichen, die ein menschlicher Arm ihm geben kann.

Die Feder eines ballistischen Messers kann die Klinge nur auf den wenigen Zentimetern beschleunigen, die sie im Griff gleitet. Diese Strecke entspricht in etwa der eines kurzen Pistolenlaufs. Somit würde schon ein Projektil vom Gewicht einer Pistolenkugel die entsprechend abgemessene Pulverladung benötigen, um eine vergleichbare Mündungsgeschwindigkeit zu erzielen. Durch Federkraft wäre eine solche Beschleunigung auf derart kurzem Weg nicht zu erreichen. Die sehr viel schwerere Klinge würde also eine entsprechend stärkere Pulverladung verlangen. Dies wäre jedoch in der Praxis nicht umsetzbar, da der Rückstoß den Messergriff unweigerlich aus der Hand des Schützen reißen würde. Somit ist es technisch nicht möglich, die Klinge eines ballistischen Messers ausreichend zu beschleunigen, um ihr die nötige Mannstoppwirkung zu verleihen.

Zielgenauigkeit
Schlussendlich ergibt sich die Frage nach der Zielgenauigkeit. Ballistische Messer verfügen über keinerlei Visiereinrichtung. Somit kann der Schütze lediglich versuchen, sein Ziel im Deutschuss zu treffen. Auch mit Pistole oder Gewehr ist dies eine schwierige Aufgabe, die jahrelanges Training erfordert, um das Ziel mit

zumindest einiger Sicherheit zu treffen. Bei Schusswaffen handelt es sich wohlgemerkt um Instrumente, die ein Projektil auf 50 Meter Entfernung in einem Streukreis von wenigen Zentimetern im Ziel platzieren. Dies ist bei ballistischen Messern konstruktionsbedingt schon nach wenigen Metern nicht mehr der Fall. Denn im Gegensatz zu einem Projektil, das den gezogenen Lauf einer Schusswaffe drallstabilisiert verlässt, rutscht die Klinge eines ballistischen Messers vergleichsweise führungslos aus der losen Passung des Griffs. Darüber hinaus sind ihre aerodynamischen Eigenschaften im Gegensatz zu einer Pistolen- oder Gewehrkugel weitaus schlechter.

Zusammenfassend lässt sich also in Bezug auf die Zielgenauigkeit von ballistischen Messern sagen, dass die fehlende Visiereinrichtung und der instabile Flug der Klinge Einsatzdistanzen, die wenige Meter überschreiten, zu einem Glücksspiel werden lassen.

Fazit

Die für dieses Buch angestellten Untersuchungen führen zu dem Schluss, dass für kein ballistisches Messer auch nur halbwegs sicher eine Herkunft aus der ehemaligen Sowjetunion oder der heutigen russischen Föderation nachweisbar ist. Vielmehr stellte sich heraus, dass, soweit Hinweise auf den Messern vorhanden waren, diese entweder in die Tschechische Republik oder in die USA führten. Dies wirft die Frage auf, ob ballistische Messer wirklich, wie weithin angenommen, ursprünglich in der ehemaligen Sowjetunion entwickelt wurden.

Auch ist die Verwendung von ballistischen Messern durch sowjetische oder russische Geheimdienste oder Spezialeinheiten nicht beweisbar. Bei keinem im Westen verhafteten KGB-Agenten wurde eine solche Waffe gefunden, ebenso wurden noch keine Leichen oder Verletzte gefunden, die nachweislich durch ein ballistisches Messer zu Schaden gekommen waren. Gerichtsmedizinische Befunde, die Verletzungen oder Tötungen durch ballistische Messer belegen, beschreiben ausschließlich Unfälle oder Auseinandersetzungen, die der „normalen" Kriminalität zuzuordnen sind. Diesbezüglich ist also die Frage zu stellen, warum diese Spezialwaffen in den Händen von Geheimdienstlern oder Sondereinheiten keinerlei Spuren hinterlassen.

Vor diesem Hintergrund sind auch die in diesem Buch angestellten physikalischen Erwägungen und nicht zuletzt die Schießversuche zu beachten. Diese zeigen, dass das Prinzip einer durch Federkraft aus einem Messergriff getriebenen Klinge nicht Erfolg versprechend ist. Denn die Durchschlagskraft des Projektils wird durch seine Masse und seine Geschwindigkeit definiert. Die sehr leichte Messerklinge müsste also ihre geringe Masse durch eine hohe Geschwindigkeit kompensieren. Die sehr viel stärkere Gasdruckfeder, die deutsche Entwickler an ihrem Entwurf für ein ballistisches Messer testeten, stellt hier wohl einen Schritt in die richtige Richtung dar, jedoch ist zu bezweifeln, ob die annähernde Versechsfachung der Kraft, die durch Messungen nachgewiesen wurde, schon eine hinreichend größere Beschleunigung ermöglicht. Darüber hinaus wurde auch dargestellt, dass die stärkere Feder allein noch keine Verbesserung der Zielgenauigkeit garantieren kann. Denn, verglichen mit der engen Passung und der Drallstabilisierung eines Geschosses einer Feuerwaffe, rutscht die Klinge eines ballistischen Messers sehr lose über einen Weg von nur wenigen Zentimetern durch den Messergriff und verlässt diesen ohne Drall. Dieses Problem nahmen auch die deutschen Entwickler nicht in Angriff, die ihre Klingen zwar mit einer mittelalterlich anmutenden Befiederung versahen, ihnen damit jedoch weder eine bessere Führung im Griff noch eine axiale Stabilisierung mit „auf den Weg" geben konnten.

Weiterhin besteht ein grundsätzliches Problem mit ballistischen Messern: Der Verwender hat sich, wenn er mit seiner Waffe den einzigen möglichen, nicht besonders zielgenauen und auf nur kurze Distanz wirksamen Schuss abgegeben hat, effektiv entwaffnet. Er hält nur noch das leere Griffrohr in der Hand. Selbst wenn er weitere Klingen mit sich führt, verhindert die große für das Spannen zu überwindende Federkraft ein schnelles Nachladen – im Nahkampf also ein unüberwindliches Hindernis. Das vorgestellte „Messer für Aufklärer mit Schießvorrichtung" NRS, das tatsächlich in der ehemaligen Sowjetunion entwickelt wurde und heute noch von Einsatzkräften der russischen Föderation geführt wird, umgeht diese Probleme, weil die im Griff enthaltene Patrone ein bis etwa 25 Meter recht wirksames und zielgenaues Projektil verschießt und der Verwender nach dem Abfeuern noch ein vollständiges Messer zur Verfügung hat.

Vor diesem Hintergrund überrascht es umso mehr, dass ein deutsches Unternehmen in den 1990er-Jahren das Wagnis einging, in die Weiterentwicklung der bislang bekannt gewordenen Typen von ballistischen Messern zu investieren. Schließlich ist aus heutiger Sicht nicht auszuschließen, dass das erste ballistische Messer nicht als Geheimwaffe für Einsatzkräfte des damaligen KGB oder der Speznas, sondern vielmehr von vornherein kommerziell im Westen entwickelt wurde, um es als geheimnisumwittertes „Sowjetmesser" besser verkaufen zu können. Somit kann es durchaus zutreffen, dass der deutsche Hersteller tatsächlich einer „Ente" aufgesessen ist, als er in dem ohnehin schwierig gewordenen Marktumfeld der Entspannung nach dem Mauerfall in die Arbeiten an einem fragwürdigen Messerkonzept investierte. Möglicherweise trug diese Fehlentscheidung sogar zu seiner nachfolgenden Insolvenz bei.

Sollten die ballistischen Messer wider Erwarten doch aus der ehemaligen Sowjetunion stammen, wäre noch ein anderes Szenario denkbar: Weltweit machen Angehörige von Spezialeinheiten immer wieder die gleiche Erfahrung: Sie sollen nur mit dem besten ausgerüstet werden, das verfügbar ist. Somit sehen sich die Beschaffungsbehörden in der Pflicht, stets das modernste und wirksamste Material zur Verfügung zu stellen. Somit sind dort Budgets vorhanden, von denen „normale" Einheiten nur träumen. Leider sind die Entscheider in diesen Stellen nicht immer Spezialisten, die genau beurteilen können, welche Waffen und welches Material Spezialeinheiten benötigen. Somit kommt es durchaus zu Fehlentscheidungen, mit deren Folgen die Truppe dann zunächst leben muss und erst, wenn ihre Rückmeldung den Weg durch alle Instanzen des Dienstwegs genommen hat, wird eine solche Entscheidung vielleicht revidiert. Nicht zuletzt weiß ein Sprichwort: „Ein Kamel ist ein Pferd, das von einem Ausschuss entworfen wurde".

Sind also möglicherweise Spezialkräfte des KGB und der Speznas in den 1980er-Jahren einmal mit ballistischen Messern ausgerüstet worden, die trotz ihrer fragwürdigen Wirksamkeit von der zentralistisch angelegten Verwaltung in Moskau massenhaft beschafft wurden? Und dann von der Truppe nach und nach ausgemustert wurden und, beispielsweise über den in Polen ansässigen, mutmaßlich russischen Lieferanten des erwähnten deutschen Militariahändlers, für lukrative Summen in den Westen verkauft wurden?

Dies können nur Spekulationen sein. Die in diesem Buch zusammengetragenen Fakten belegen jedoch, dass es sich bei den ballistischen Messern zwar um gefährliche Gegenstände handelt, deren Verbot durchaus sinnvoll erscheint. Geheimwaffen, denen sagenhafte Wirksamkeit im Nahkampf zuzuschreiben ist, sind sie jedoch auf keinen Fall.

Anhang

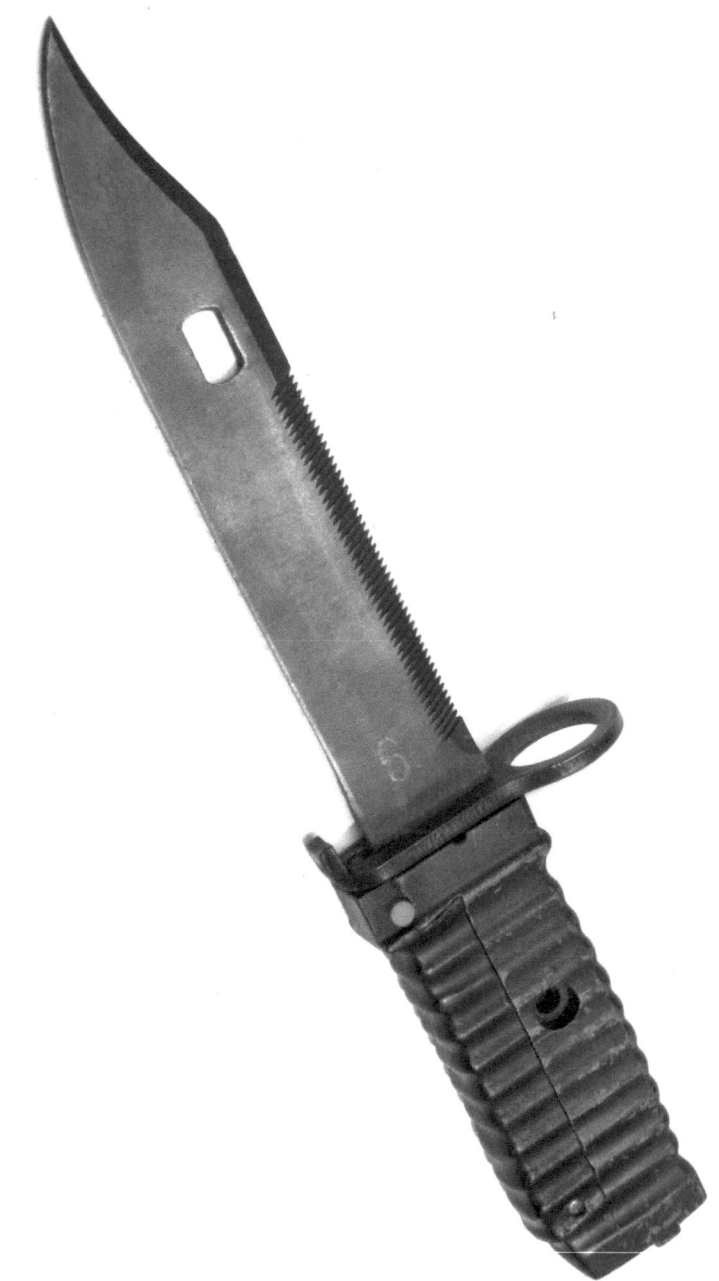

Abb. 85: Prototyp des KCB 77 Bajonetts mit Zusatzfunktion.

KCB 77 mit Zusatzfunktion

Bei dem hier vorgestellten Prototypen handelt es sich nicht um ein ballistisches Messer. Vielmehr wurde hier das seit 1970 in Solingen produzierte KCB 77 Bajonett versuchsweise mit einer Lampe versehen. Dieser Umbau stammt, wie der zuvor gezeigte deutsche Prototyp eines ballistischen Messers, aus der Entwicklungswerkstatt eines westdeutschen Blankwaffenherstellers und aus der Zeit Mitte der 1990er-Jahre.

Wie bereits erwähnt, war dieser Zeitraum für die bundesdeutschen Waffenhersteller durch die durch das Ende des Kalten Krieges ebenfalls erkalteten Absatzmärkte geprägt. Dies mag der Grund dafür gewesen sein, dass der Blankwaffenhersteller das erfolgreiche KCB-Bajonett weiterentwickelte.

Das Traditionsunternehmen Eickhorn hatte das Vielzweckmesser in Zusammenarbeit mit dem niederländischen Waffenhersteller "Nederlandsche Wa-

Abb. 86: Ein Teil des Griffs lässt sich aufklappen.

pen en Munitiefabriek N.V." 1970 für das amerikanische Stoner-Sturmgewehr entwickelt. Im Vietnamkrieg wurde diese Waffe vorwiegend von den US-Spezialeinheiten und dem Marinecorps eingesetzt.
Das Design der Klinge und der Drahtschneider waren nach dem Vorbild des russischen Kalaschnikow-Bajonetts gestaltet worden. Die Streitkräfte Irlands und Australiens führten das KCB77M1 für das Steyr AUG Sturmgewehr ein. Später wurde es auch an die Sturmgewehre der Baureihen Colt M16, M4, Diemaco C7, C8, Steyr AUG, IMI Galil AR, ARM, SAR, Beretta AR70/90 sowie FN FNC angepasst. Die NATO-Versorgungsnummer lautet 1095-12-353-9348.

Das KCB entwickelte sich zu einem wahren Verkaufsschlager und ist auch heute noch weltweit bei den Streitkräften vieler Länder in Gebrauch. Vielleicht waren es die schlechten Absatzmöglichkeiten für militärische Produkte, die einen Solinger Blankwaffenhersteller dazu bewogen, das erfolgreiche KCB noch besser machen zu wollen. Was, so scheinen sich die Entwickler gefragt zu haben, könnte ein Soldat vermissen, wenn er nachts mit dem Messer in der Nähe der feindlichen Stellungen robbt, um sich mit der integrierten Drahtschere dort durch den Stacheldraht zu schneiden? Richtig: Er benötigt beide Hände, um

Abb. 87: In die Parierstange ist schneidenseitig eine kleine Glühlampe eingelassen, die das Schnittfeld beleuchtet.

das mit der Scheide zu einer Drahtschere zusammengefügte Messer bedienen zu können. Also kann er bei völliger Dunkelheit die Taschenlampe nicht halten, um sein Arbeitsgebiet zu beleuchten.
Die Entwicklungsarbeiten zur Verbesserung des KCB zielten also darauf ab, eine Taschenlampe in das Messer zu integrieren. Dazu ließen sich sich die Ingenieure offenbar wieder von sowjetischen Entwicklern inspirieren: Denn die Art und Weise, wie die Solinger eine Batterie mitsamt Glühbirne und Schalter in den Griff ihres Bajonetts eingesetzt haben, erinnert nicht wenig an die Integration der Schießvorrichtung in den Griff des NRS-2. Der Blick nach Osten scheint in Solingen also damals üblich gewesen zu sein, war doch die Drahtschere des KCB ohnehin stark vom Kalaschnikow-Bajonett beeinflusst worden. Und ungefähr zeitgleich müssten auch die Arbeiten an der Weiterentwicklung des mutmaßlich sowjetischen ballistischen Messers erfolgt sein.

Über die Gründe, die zur Einstellung der Arbeiten an dem KCB-Projekt geführt haben, kann man heute nur spekulieren. Einerseits erscheint es fraglich, ob ein Lampenbajonett wirklich das ist, was sich militärische Einsatzkräfte wünschen. Auch war beispielsweise die Batterie, die die Entwickler für ihre Konstruktion vorgesehen hatten, anderweitig ein eher selten angewendetes Modell. Also hätte hier zur Instandhaltung des illuminierten Bajonetts ein eigener Versorgungsweg eröffnet werden müssen. Jedenfalls geriet das Projekt in Vergessenheit und der einzige fertiggestellte Prototyp des erleuchteten KCB befindet sich heute in privaten Sammlerhänden. Interessanterweise weist er starke Gebrauchsspuren und sogar Beschädigungen auf. Möglicherweise sind dies Spuren einer praktischen Erprobung, die entweder von Herstellerseite oder aber durch den erhofften Abnehmer, also die Bundeswehr, erfolgte.

Abb. 88: Durch Abklappen der Griffseite wird das Batteriefach freigelegt.

Abb. 89: Nachdem der Schraubverschluss entfernt wurde, kommt eine 3 V-Batterie des Typs CR12600SE zum Vorschein.

Abb. 90: Im Bereich des Schraubverschlusses ist ein Teil des Griffstücks abgesplittert.

Abb. 91: Die Lampe wird mit einem Tastschalter bedient.

Abb. 92: Die Glühlampe scheint nur ungenügend vor Beschädigung geschützt zu sein.

Literatur

Baumann, Robert: Russian-Soviet Unconventional War in the Caucasus, Central Asia, and Afghanistan. U.S. Army Command and General Staff College: Leavenworth Papers Nr. 20. North Charleston: CreateSpace, 2015.

Dept. of the Army: Organization & Equipment of the Soviet Army HB 550 2. 1980.

Di Maio, Vincent: Gunshot Wounds: Practical Aspects of Firearms, Ballistics, and Forensic Techniques. Boca Raton: CRC, 1999.

Faktor, Zdenek; Bouzek, Michal: Messer und Dolche. Hanau: Dausien, 1991.

Galeotti, Mark: Russian Security and Paramilitary Forces since 1991. London: Osprey Publishing, 2013.

Grau, Lester: The Bear Went Over the Mountain: Soviet Combat Tactics in Afghanistan. Urbana: Tales End Press, 2012.

Hirt, M.; Karger, B.: Fatal brain injury caused by the free-flying blade of a knife – case report and evaluation of the unusual weapon. In: International Journal of Legal Medizine Nr. 112(5), 1999, S. 313–314.

Hughes, Gordon; Jenkins, Barry; Buerlein, Robert: Knives of War. Boulder: Paladin Press, 2006.

Kneubuehl , Beat; Coupland, Robin; Rothschild, Markus; Thali, Michael Hgs.): Wundballistik: Grundlagen und Anwendungen. Hamburg: Springer, 2008.

Letz, Bernhard: Über die Gefährlichkeit der Stichwunden. Bremen: Bremen University Press, 2014.

Marples, David: The Collapse of the Soviet Union, 1985-1991. Seminar Studies in History. Edinburgh: Pearsons Education, 2004.

Muggenthaler, H.; Drobnik, S.; Hubig, M.; Niederegger, S.; Mall, G.: Experimental throws with a knife to clarify a case of domestic violence. In: Archiv für Kriminologie Nr. 231(1-2), 2013, S. 46-54.

Puschkin, Juri: GRU in Deutschland. Ubstadt-Weiher: Enforcer, 1992.

Röber, Hendrik: Kalter Stahl: Messerangriffe, Messerabwehr und Messerkampf. Norderstedt: Books on Demand, 2007.

Schofield, Carey: The Russian Elite: Inside Spetsnaz and the Airborne Forces. London: Greenhill Books, 1993.

Stephens, Frederick J.: Kampfmesser. Stuttgart: Motorbuch Verlag, 1994.

Suworow, Viktor: Speznas. Ubstadt-Weiher: Enforcer, 1989.

Vom gleichen Autor:

Wolfgang Michel
Das Fairbairn-Sykes Kampfmesser

Symbol britischer Guerillakriegsführung im Zweiten Weltkrieg

Die archaisch wirkende Waffe steht symbolhaft für wagemutige Geheimoperationen, die Großbritannien während des Zweiten Weltkrieges in deutsch besetzten Ländern durchführte.

Dieses Buch bietet einen Überblick über die Entwicklung dieses millionenfach hergestellten Messers und den Lebenshintergrund seiner Erfinder. Außerdem untersucht es die Ursachen, die zur Aufstellung von Guerillaeinheiten in Großbritannien führten und welche Rolle das Messer dabei spielte.

Überdies bewertet es seinen Einsatz im historischen Kontext und untersucht, inwiefern das FS-Messer auch heute noch Bedeutung im militärischen oder zivilen Gebrauch besitzt.

Die Fachzeitschrift „Visier" (04/2008) meint:
„Alles in allem schließt sich durch dieses Werk endlich eine Lücke. Das gilt sowohl aus Sicht der an historischen Messern Interessierten wie auch derjenigen, die sich mit Commandos und ihrer Geschichte befassen."

Wolfgang Michel: „Das Fairbairn-Sykes Kampfmesser"
Norderstedt: Books on Demand Verlag, 2007
ISBN: 978-3-8370-0877-7
19,90 Euro

Bestellbar in jedem Buchladen oder im Online-Buchhandel.

Vom gleichen Autor:

Wolfgang Michel
Britische Schalldämpferwaffen 1939–1945

Entwicklung, Technik, Wirkung

Großbritannien entwickelte während des Zweiten Weltkriegs eine Vielzahl von schallgedämpften Schusswaffen – weit mehr als alle anderen am Kampf beteiligten Länder. Über diese hochgeheimen Waffen, seien es Welrod-Pistole, De Lisle Karabiner oder die nahezu unbekannte Ärmelpistole „Sleeve Gun", waren harte Fakten in den Jahrzehnten nach Kriegsende selten zu finden und bald rankten sich um sie die merkwürdigsten Legenden. Durch Auswertung von in jüngster Zeit freigegebenen britischen Regierungsakten lüftet dieses Buch den Schleier der Geheimhaltung und vermittelt einen interessanten Einblick in die Waffentechnik dieser Zeit.

Erstmals in deutscher Sprache bietet „Britische Schalldämpferwaffen 1939–1945" einen Überblick über die Entwicklung und Verwendung von Schalldämpfern in Großbritannien während des Zweiten Weltkriegs. Es analysiert, inwieweit derartiges Schusswaffenzubehör bereits bei Kriegsbeginn verfügbar war und untersucht die technischen Lösungen, mit denen britische Ingenieure wesentliche Steigerungen bei der Dämpfungsleistung erzielten. Außerdem stellt es die Einsatzkräfte vor, für die diese Spezialwaffen vorgesehen waren und zieht Rückschlüsse auf deren Einfluss auf die alliierte Kriegstaktik.

Wolfgang Michel: „Britische Schalldämpferwaffen 1939–1945"
Norderstedt: Books on Demand Verlag, 2009
ISBN: 978-3-8370-2149-3
19,90 Euro

Bestellbar in jedem Buchladen oder im Online-Buchhandel.

Vom gleichen Autor:

Wolfgang Michel
Die Liberator Pistole FP-45

Partisanenwaffe und Mittel zur psychologischen Kriegsführung

Während des Zweiten Weltkriegs stellten die USA in Zusammenarbeit mit Großbritannien aus billigstem Material große Stückzahlen einer sehr einfach aufgebauten Pistole her. Sie hätte keinesfalls über einen längeren Zeitraum als Kampfwaffe eingesetzt werden können. Diese „Einwegpistole" wollten die Alliierten zu Tausenden über den von den Deutschen besetzten Ländern abwerfen, damit dort Zivilisten gegen die Nazis Widerstand leisten konnten.

Durch dieses Konzept der psychologischen Kriegsführung sollte nicht nur der Widerstand der unterdrückten Nationen angeheizt werden. Vielmehr wollten die Alliierten ihren Gegner mit einer massenhaften Volksbewaffnung konfrontieren. Denn die Deutschen hätten somit an der Front dringend benötigte Kräfte in das vermeintlich sichere Hinterland abkommandieren müssen.

Dieses Buch untersucht die Hintergründe der Entwicklung der hochgeheimen, als „Liberator Pistole" bekannten Waffe und legt ihre technischen Details sowie das Rätsel um ihre Herstellung offen. Auch die geplanten Einsatzszenarien, in denen sie eine Rolle spielen sollte, und die Gründe, die ihren Einsatz letztendlich verhinderten, werden beleuchtet.

Wolfgang Michel: „Die Liberator Pistole FP-45"
Norderstedt: Books on Demand Verlag, 2009
ISBN: 978-3-8370-9271-4
12,90 Euro

Bestellbar in jedem Buchladen oder im Online-Buchhandel.

Vom gleichen Autor:

Wolfgang Michel
Britische Spezialwaffen 1939–1945

Ausrüstung für Eliteeinheiten, Geheimdienst und Widerstand

Die verdeckte Kriegsführung nahm im Verlauf des Zweiten Weltkrieges eine wichtige Rolle in der Strategie Großbritanniens und seiner Verbündeten ein. Dieses Buch stellt die Spezialwaffen vor, die das Inselreich dafür entwickelte und produzierte. Dies beinhaltet unter anderem Spreng- und Brandmittel, Zündsysteme, Handfeuerwaffen sowie allgemeine Ausrüstung.

Diese Gegenstände verhalfen nicht nur den britischen Eliteeinheiten dazu, ihre wagemutigen Kampfaufträge erfüllen zu können. Auch Geheimdienste nutzten die Objekte für Sabotageaktionen und Attentate. Die Widerstandsgruppen in den von den Achsenmächten besetzten Gebieten erhielten ebenfalls große Mengen Kriegsmaterial, das Großbritannien nicht selten speziell für diesen Zweck entwickelt und produziert hatte.

„Britische Spezialwaffen 1939–1945" enthält zudem erstmals den Nachdruck eines deutschsprachigen Sabotagehandbuches, mit dem die Briten Widerstandsgruppen in den Gebrauch der gelieferten Spezialkampfmittel einführten. Dieses Material bietet Sammlern und historisch Interessierten die Möglichkeit, den vorgesehenen Verwendungszweck dieser Ausrüstung im Detail zu verstehen und daraus Rückschlüsse auf die britischen Taktiken zur irregulären Kriegsführung zu ziehen.

Wolfgang Michel: „Britische Spezialwaffen 1939–1945"
Norderstedt: Books on Demand Verlag, 2010
ISBN: 978-3-8423-3944-6
24,90 Euro

Bestellbar in jedem Buchladen oder im Online-Buchhandel.

Vom gleichen Autor:

Wolfgang Peter-Michel
The Fairbairn-Sykes Fighting Knife

Collecting Britain's Most Iconic Dagger

The Fairbairn-Sykes Fighting Knife stands symbolic for daring secret operations that Britain ran during World War II. This book provides an insight in the development of 20th centurys most influential military fighting knife and its historical background.

Also the biographical background of its inventors, William Ewart Fairbairn and Eric Anthony Sykes, is embedded in this story and unburdened of all the myths and legends that have been woven around these two innovative men.

It covers not only the basic variations of the F-S knife but also numerous other examples the collector may encounter. The problematic topic of fakes is discussed as well as the question as to how to narrow the focus of ones collection. Thus, prospective buyers of Fairbairn-Sykes knives will find this book a useful guide through the jungle of variants and fakes.

Wolfgang Peter-Michel: „The Fairbairn-Sykes Fighting Knife"
Schiffer Publishing, 2011
ISBN: 978-0-7643-3763-5
59,99 $

Bestellbar in jedem Buchladen oder im Online-Buchhandel.

Vom gleichen Autor:

Wolfgang Peter-Michel
Flugerfahrungen mit der Heinkel He 162

Testpiloten berichten

Mit der He 162 versuchte Nazideutschland, den Luftkrieg in letzter Minute doch noch für sich zu entscheiden. Deshalb führte Heinkel seine Neukonstruktion mit aberwitziger Geschwindigkeit vom Reißbrett in die Serienfertigung – lange bevor der Jet alle Kinderkrankheiten überwunden hatte.

Nachdem die Alliierten gegen Kriegsende einige Exemplare erbeutet hatten, stellten sie fest, dass Görings letzte Hoffnung alles andere als einfach zu fliegen war. Also verhörten sie deutsche Luftwaffenpiloten, die in Kriegsgefangenschaft geraten waren. Mit den dabei gesammelten Erfahrungsberichten aus erster Hand konnten die Sieger ihre eigenen Erprobungen des Strahlflugzeugs vergleichsweise gefahrlos durchführen.

Die Aussagen der deutschen Piloten sind erhalten und dieses Buch macht sie erstmals in deutscher Sprache zugänglich. Da die wenigen noch existierenden Maschinen des Typs He 162 kaum jemals wieder fliegen werden, sind diese Berichte die letzten Quellen, die diese ansonsten stummen Zeugen der Luftfahrtgeschichte erlebbar machen.

Wolfgang Peter-Michel: „Flugerfahrungen mit der Heinkel He 162"
Norderstedt: Books on Demand Verlag, 2011
ISBN: 978-3-8423-7048-7
19,90 Euro

Bestellbar in jedem Buchladen oder im Online-Buchhandel.

Vom gleichen Autor:

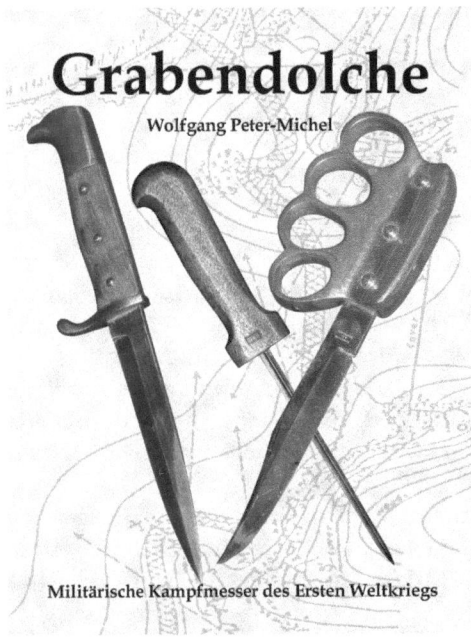

Wolfgang Peter-Michel

Grabendolche

Militärische Kampfmesser des Ersten Weltkriegs

Der Erste Weltkrieg war durch die zunehmende Technisierung des Militärwesens geprägt. Aufgrund der großen Präzision und Feuerkraft, zu der sich Artillerie und Maschinengewehre entwickelt hatten, waren die Militärs überzeugt, dass dem Kampf auf große Entfernungen die Zukunft gehörte. Ein Zweikampf zwischen zwei Soldaten galt als unwahrscheinlich oder zumindest als Seltenheit. Doch das Gegenteil war der Fall: Der Bewegungskrieg der ersten Monate erstarrte alsbald zu einem Stellungskrieg. Ganze Armeen gruben sich in Schützengräben ein, die Befestigungswerke, die den ersten weltweiten Krieg des 20. Jahrhunderts prägten. Die Enge der Gräben führte zu einer der Industrialisierung des Kampfes gegenläufigen Entwicklung: War der Gegner in die eigenen Linien eingedrungen, so entschieden oft die besseren Nahkampfwaffen und -techniken das Duell. Dies führte zu einer Wiederentdeckung des Messers, das zuvor von den Militärs als Waffe totgesagt worden war.

Dieses Buch stellt die wichtigsten der während des Ersten Weltkriegs eingesetzten Kampfmesser vor. Das gilt sowohl für offiziell eingeführte wie auch von den Soldaten privat beschaffte Exemplare. Denn viele Armeen versorgten ihre Truppen zu spät oder in zu geringer Zahl mit geeigneten Blankwaffen.

Wolfgang Peter-Michel: „Grabendolche"
Norderstedt: Books on Demand Verlag, 2011
ISBN: 978-3-8423-7719-6
14,90 Euro

Bestellbar im Buchhandel oder versandkostenfrei bei www.amazon.de

Vom gleichen Autor:

Wolfgang Peter-Michel
Das Fallmesser der Deutschen Luftwaffe

Technik und Entwicklung des Fliegerkappmessers

Das Fliegerkappmesser gehörte den gesamten Zweiten Weltkrieg hindurch zur Ausrüstung des fliegenden Personals der deutschen Luftwaffe. Dabei handelt es sich um ein Fallmesser, bei dem die Klinge durch Einwirkung der Schwerkraft nach vorn aus dem Griffstück gleitet. Alle deutschen Kriegspiloten verwendeten es, angefangen bei den Jagdfliegerassen wie Adolf Galland, Werner Mölders oder Erich Hartmann bis hin zu den Tausenden von namenlosen Piloten und Besatzungsmitgliedern, die an Bord von deutschen Flugzeugen ihren Dienst taten. Auch jeder Fallschirmjäger trug eins und verwendete es wahrscheinlich weitaus häufiger als das übrige fliegende Personal der Luftwaffe. Denn bei letzteren war die Verwendung nur für den Fall vorgesehen, dass sie sich mit dem Fallschirm aus ihrem Luftfahrzeug retten mussten und dann auch nur, falls sie sich damit vom Schirm losschneiden mussten, weil sich die Fallschirmleinen verfangen hatten. Bei den Fallschirmjägern gehörte der Fallschirmsprung natürlich zum Handwerk, weshalb sie weit häufiger ein Kappmesser benötigten.

Dieses Buch stellt Technik und Entwicklung dieses symbolbehafteten Messers vor. Dabei finden auch die nach 1945 für Militär und Zivilmarkt produzierten Varianten ihren Raum. Darüber hinaus bietet es eine Einordnung in den historischen Kontext und stellt einige Beispiele von vergleichbaren Kappmessern aus anderen Ländern vor.

Wolfgang Peter-Michel: „Das Fallmesser der Deutschen Luftwaffe"
Norderstedt: Books on Demand Verlag, 2012
ISBN: 978-3-8448-0143-9
16,90 Euro

Bestellbar im Buchhandel oder versandkostenfrei bei www.amazon.de

Vom gleichen Autor:

Wolfgang Peter-Michel
Ballistic Knives

Weapons for Secret Services and Special Forces

In the 1980s, the first ballistic knives began to appear on the Western collectors' market. Their sinister feature: the handle concealed a strong coil spring. After pressing a trigger, the blade was propelled over several meters and hit the target with great force. It was rumoured that these knives originated in the Soviet Union as a clandestine weapon used by the KGB or special units such as the Spetsnaz.

Due to their dangerous nature, ballistic knives were banned in most countries by the end of the 1990s. Nevertheless, a German blade manufacturer began to improve the allegedly Russian design, as revealed by the prototypes shown in this book.

But where did these mysterious weapons really originate? Who developed and produced them? Who used them and over what distances are they effective? Most importantly; how dangerous are ballistic knives? All these questions are investigated in this book and the main variants of ballistic knives are presented.

Wolfgang Peter-Michel: „Ballistic Knives"
Norderstedt: Books on Demand Verlag, 2015
ISBN: 978-3-7386-2780-0
29,90 Euro

Bestellbar in jedem Buchladen oder im Online-Buchhandel.

Vom gleichen Autor:

Wolfgang Peter-Michel
Faschinenmesser

Preußen, Sachsen, Bayern Württemberg

Die deutschen Armeen führten Faschinenmesser ab dem späten 18. Jahrhundert ein. Sie dienten in erster Linie dem Herstellen von Reisigbündeln (ital. „Fascine"), die zur Verstärkung von Feldbefestigungen Verwendung fanden. Die breitklingigen Haumesser wurden besonders im 19. Jahrhundert von vielen Waffengattungen geführt und entsprechend als Infanterie-, Artillerie- und Pionier-Faschinenmesser unterschieden.

Die Formen waren vielfältig, unterlagen jedoch gewissen Moden, sodass sich die Messer der gleichen Epoche oft im gesamten deutschen Sprachraum recht stark ähneln. In der zweiten Hälfte des 19. Jahrhunderts tauchten die ersten Modelle mit Aufpflanzvorrichtung auf. Sie dienten zugleich als Bajonett, was wiederum zu anderen Formgebungen führte.

Für den Sammler bieten Faschinenmesser eine oft verwirrende Vielfalt. Dieses Buch bietet einen Leitfaden, anhand dessen sich die deutschen Ausführungen geografisch und chronologisch zuordnen lassen. Um das Thema wirksam einzugrenzen, liegt der Fokus auf den wichtigsten in den Ländern Preußen, Sachsen, Bayern und Württemberg ausgegebenen Modellen.

Wolfgang Peter-Michel: „Faschinenmesser"
Überarbeitete und um über 60 Seiten erweiterte 2. Auflage 2015
Norderstedt: Books on Demand Verlag
ISBN: 978-3-7322-3171-3
34,90 Euro

Bestellbar in jedem Buchladen oder im Online-Buchhandel.

Vom gleichen Autor:

Wolfgang Peter-Michel
Volksgewehre

Die Langwaffen des deutschen Volkssturms

Gegen Ende des Zweiten Weltkriegs, als die kommende Niederlage des Deutschen Reiches sich immer deutlicher abzeichnete, stellte die deutsche Führung eine Volksmiliz auf – den Deutschen Volkssturm. Bald schon wurde klar, dass zur Bewaffnung von Hitlers letztem Aufgebot viel zu wenig Material zur Verfügung stand. Da schon für die regulären Soldaten zu wenig Gewehre vorhanden waren, suchte die Parteiführung nach Möglichkeiten, die neu geschaffenen Kombattanten zu bewaffnen. Bald kam der Gedanke auf, eine Einfachwaffe zu schaffen, die zumindest so lange ihren Zweck erfüllte, bis die unmittelbare Gefahr von den Reichsgrenzen abgewendet war. Damit startete das Volksgewehrprogramm und die deutsche Industrie begann unter Hochdruck, ein solches einfach zu produzierendes Gewehr zu entwickeln. Dieses Buch vermittelt einen Überblick über die tatsächlich im Rahmen des Volksgewehrprogramms gebauten Langwaffen. Es rekonstruiert die Entstehungsgeschichte jedes einzelnen dieser Volkssturmgewehre und zeigt die jeweiligen Varianten. Zugleich prüft es, welche Waffen tatsächlich zum Einsatz kamen und von Volkssturmmännern im Kampf geführt wurden.

Wolfgang Peter-Michel: „Volksgewehre"
Norderstedt: Books on Demand Verlag, 2017
ISBN: 978-3-7431-5333-2
34,90 Euro

Bestellbar in jedem Buchladen oder im Online-Buchhandel.

Alle Bücher von Wolfgang Peter-Michel

und

Tausende weitere interessante Titel

erhalten Sie bei:

www.army-book.de

Verlag und Fachbuchhandel

Literatur-Fundgrube für Modellbau,
Militär, Geschichte und Waffen

Speziell ausgesuchte Fachliteratur

Dunantstr. 12
66482 Zweibrücken
Germany
Telefon: 06332-15752
Mobil: 0170-8080166
Email: info@army-book.de

Wolfgang Peter-Michel

empfiehlt:

www.dwjmedien.de

Der Online-Buchshop

von

DWJ – Deutsches Waffen Journal

Die Bücher von Wolfgang Peter-Michel

sind

hier verfügbar

Rudolf-Diesel-Str. 46
74572 Blaufelden

Telefon: 07953-97870
Fax: 07953-9787880
Email: info@dwj-verlag.de